Temi
335

Eva Benelli

Gravidanza per altre persone

Tra disinformazione, discriminazioni e diritti negati

Bollati Boringhieri

Prima edizione ottobre 2024

Torino, corso Vittorio Emanuele II, 86
Gruppo editoriale Mauri Spagnol
ISBN 978-88-339-4331-2

www.bollatiboringhieri.it

Stampato in Italia dalla Rotolito S.p.A., Seggiano di Pioltello (Mi)

MISTO
Carta da fonti gestite in maniera responsabile
FSC® C005461

Anno 2027 2026 2025 2024

Edizione 1 2 3 4 5 6 7

Indice

Premessa

Questo non intende essere un libro militante. Ne esistono già diversi. Libri scritti da persone che raccontano la propria storia di genitore o aspirante genitore, di figlio o figlia, persone che vivono una realtà di esclusione e quindi discutono gli atteggiamenti, le scelte o le *non* scelte legislative, i pregiudizi e i falsi ideologici, combattendo una battaglia per vedersi riconoscere dei diritti. Persone direttamente coinvolte, a cui va tutto il mio rispetto.

Quello che mi piacerebbe, allora, è che questo libro riuscisse a offrire anche a chi non ha motivo di mettersi direttamente in gioco le informazioni utili per farsi un'idea di ciò di cui si sta parlando. Per davvero. Per prendere parte al dibattito pubblico con un po' di consapevolezza in più.

Mi rendo conto che il dibattito pubblico come momento in cui i membri di una società civile discutono con competenza e rispetto di un tema controverso assomiglia molto a una chimera, ma non per questo, penso, si deve rinunciare a provarci. Lo dobbiamo a noi stessi.

Mi sembra anche corretto dichiarare un possibile conflitto di interessi, perché sono madre di una persona che ha completato una transizione di genere. Ma in questo non mi sento di dover portare avanti nessuna battaglia, non su queste pagine quantomeno.

Però è grazie al rapporto con mia figlia se ora della gravidanza per altre persone conosco qualcosa di più di quelle poche, distorte, tendenziose informazioni che alimentano periodicamente la discussione mediatica e a cui è così facile fermarsi. Basta un po' di disattenzione, non avere ragioni per approfondire, e interi pezzi del reale ti possono sfuggire.

Proprio perché appartengo alla categoria professionale dei comunicatori (e in ambito scientifico, peggio mi sento), dover assistere periodicamente a discussioni su cose che non esistono o che comunque non sono come vengono raccontate non mi sembra più tollerabile.

Viviamo in una realtà complessa e la semplificazione, anche quando non è dettata da ragioni ideologiche, non può essere il metro con cui affrontiamo il mondo.

L'evoluzione delle tecniche di riproduzione ha cambiato la realtà del dare la vita e aperto a nuovi e diversi progetti di genitorialità. Per certi versi nel nostro paese ci troviamo più di altri in mezzo a un guado: da una parte siamo perfettamente in grado di esprimere alta qualità e performance di ottimo livello nelle tecniche di riproduzione assistita, e dall'altra il complesso di regole che dovrebbero tutelare, oggi, tutti i progetti di genitorialità, vecchi e nuovi, è drammaticamente inadeguato. E in questa inadeguatezza rimangono intrappolati i destini delle persone, soprattutto delle persone più fragili e deboli.

Ecco perché mi sembra necessario, se si è interessati a prendere parte alla discussione pubblica sulla gravidanza per altre persone e sulle nuove famiglie, che lo si faccia almeno dopo essere andati a fondo nel merito delle cose. Il percorso che vi propongo è frutto di tante letture e tanto ascolto, è un lavoro di restituzione giornalistica, ma non pretenderò che sia neutro. È un lavoro che tiene conto di quello che per me è un deficit grave di rispetto e di giustizia.

E se qualcuno obietterà che in fondo si tratta di poche persone e che non vale la pena impegnare tante energie in queste discussioni, a fronte di tanti altri problemi urgenti e importanti, mi sembra che la risposta sia facile e sempre la stessa: si tratta di diritti, e se non sono per tutti che diritti sono?

Grazie a tutte le persone che mi hanno ascoltato, risposto o anche solo guidato con i loro scritti e le loro esperienze. Grazie infine a Maurizio Bonati, che per primo ha avuto l'idea di questo libro.

Gravidanza per altre persone

A Emilie

«Che cos'è una famiglia, dopo tutto, se non ricordi?»

Joyce Carol Oates, *Una famiglia americana**

«La natura, almeno, ha il buon gusto di non giudicare».

Dario Ferrari, *La quarta versione di Giuda***

* J. C. Oates, *Una famiglia americana*, trad. it. di V. Curtoni, il Saggiatore, Milano 2023.

** D. Ferrari, *La quarta versione di Giuda*, Mondadori, Milano 2020.

Introduzione
Le parole per dirlo

L'espressione corretta, priva di connotazioni ideologiche, è quella scelta come titolo di questo libro: gravidanza per altre persone (ed è deliberato il ricorso a una formula di linguaggio inclusivo che comprende sia le coppie etero, sia quelle lesbiche, sia quelle gay). Descrive la volontà di una donna di partecipare a un progetto procreativo che non la riguarda direttamente, portando avanti una gravidanza per chi non lo può fare, senza intenzione di rivestire in seguito il ruolo di madre (e lasciamo in sospeso, per il momento, l'aspetto di un'eventuale remunerazione).

> L'autonomia della gestante per altri, *riconosciuta come soggetto etico che dispone di sé*, si esercita nel donare a una persona o una coppia la possibilità di essere genitori e a un bambino o bambina di nascere atteso/a e desiderato/a da una famiglia che se ne prende cura. Renderlo possibile significa accettare prospettive sulla procreazione diverse da quella tradizionale, ammettere che una gravidanza possa non coincidere con un desiderio personale di maternità, che la genitorialità possa prescindere da genetica e biologia riproduttiva.[1]

Così scrive la pastora valdese Ilenya Goss, che coordina la Commissione per i problemi etici posti dalla scienza, composta da teologi, medici e scienziati delle chiese metodiste, valdesi e battiste.

Nell'agosto 2023, dopo un'ampia discussione a cui hanno partecipato tutti i membri, la Commissione ha approvato un documento che rappresenta il punto di vista delle chiese evangeliche sulla gestazione per altre persone.[2]

Il punto è esattamente questo: riconoscere che oggi, in virtù delle tecniche di riproduzione medicalmente assistita, le prospettive sulla procreazione sono cambiate, aprendosi a nuove possibilità, meno tradizionali. Come la medicina palliativa e di rianimazione ha spostato il confine del fine vita, e la tecnologia dei trapianti sta rendendo possibili trasferimenti di organi impensabili anche solo cinque anni fa, così gli scenari per desiderare, immaginarsi ed essere genitori si sono moltiplicati. Perciò la definizione più consueta di genitorialità – una coppia eterosessuale, giuridicamente sposata, che genera figli attraverso il rapporto sessuale e la gravidanza – è ormai insufficiente e non riesce a riconoscere i diversi modelli di famiglia resi possibili dall'avanzamento tecnologico.

Accogliere questi cambiamenti non è facile, ma forse la consapevolezza sociale sta facendo più progressi della politica e certamente della narrazione mediatica, quantomeno quella che possiamo rintracciare nei cosiddetti media generalisti.

Non sono molti anni che la gestazione o gravidanza per altre persone, in sigla GPA, è approdata sulle pagine dei giornali o nei servizi televisivi. In effetti l'interesse ha preso quota quando, allora in campagna elettorale, nella primavera del 2022 Giorgia Meloni ha annunciato la sua intenzione di dichiarare la GPA «reato universale». Un obiettivo giuridico impraticabile ma seducente, se è vero che più o meno da allora di «utero in affitto», mercato dei bambini e giovani gestanti cui vengono portati via i figli si sono affollate le cronache. Tanto più che proprio in Ucraina, precipitata in una guerra dal 24 febbraio di quello stesso anno, esistevano ed esistono tuttora diverse realtà dove si pratica la gravidanza per altre persone nella modalità cosiddetta di mercato. Così le narrazioni sulle aziende occidentali che organizzavano missioni per recuperare neonati e neonate rimasti intrappolati dalla guerra hanno aggiunto pathos e considerazioni fuorvianti a una situazione che, invece, avrebbe bisogno di essere indagata in modo sottile e con discernimento.[3]

Perché è vero che la dimensione del mercato esiste, così come esistono i rischi di abuso, ed è importante ragionarne, ma per poterlo fare è necessario uscire dalla rappresentazione stereotipata che finora sembra essere dominante.

Sfuggire alla nebbia semantica

Le parole non sono neutre e l'espressione «utero in affitto», forse quella che abbiamo sentito più spesso, evoca qualcosa di condannabile da chiunque non sia un mercante di bambini, trattati alla stregua di merci. La ministra Eugenia Roccella e la storica Lucetta Scaraffia dichiarano apertamente di usarla proprio per questo, consapevoli di screditare così l'intera procedura, tanto nella versione che prevede una ricompensa, quanto in quella solidale.[4] Peraltro entrambe hanno dichiarato di non credere che esista una gestazione per altri «solidale».

Più sottile è ricorrere all'espressione «maternità surrogata», ma non meno ingannevole:

> Se una gestante per altri viene definita «madre», nonostante sin dal principio non intenda esserlo, e per di più «surrogata», che nella nostra lingua ha un valore sminuente, siamo di fronte a una valutazione e a un giudizio più che all'oggettivo nominare una procedura,

per dirla ancora con Ilenya Goss.

Insomma, il discorso pubblico intorno alla gravidanza per altre persone può essere deliberatamente viziato da chi sceglie un'appartenenza ideologica, ma questo è possibile anche perché sopravvive una certa confusione tra le parole e i concetti: gravidanza o gestazione non sono maternità, la gestante non può essere «surrogata», l'utero non viene dato in affitto nemmeno quando la GPA si realizza in condizioni di mercato, e la famiglia naturale, tanto spesso richiamata come modello, non è l'unica e sola possibile.

Quando non è deliberato, questo linguaggio impreciso e confondente può essere il semplice risultato della difficoltà di rappresentarsi il fatto che gestazione e maternità sono due cose diverse e lo sono sempre state. Anche senza scomodare gli esempi della Bibbia, che portare a termine una gravidanza non voglia dire necessariamente essere madre ce lo dimostra, per esempio, la normativa che consente a una donna di partorire in anonimato senza riconoscere il figlio o la figlia che ha voluto comunque far venire al mondo, per scelta o per necessità.[5]

Insomma, il linguaggio tradisce il sopravvivere di pregiudizi o di inesattezze che costringono allo scontro ideologico invece che al confronto, e che respingono sullo sfondo le persone, singole o in coppia, nel loro desiderio di diventare genitori di un figlio o una figlia desiderati, attesi e amati.

Rifugiarsi dietro parole inesatte o esplicitamente sprezzanti è come ammettere di non riuscire ad accettare che l'idea e la realtà della procreazione non sono più le stesse per tutte e tutti.

Che poi, a ben vedere, la maternità come risultato di un progetto di genitorialità consapevole e voluto è spesso un privilegio. Per esempio, il rapporto 2022 del Fondo delle Nazioni Unite per la Popolazione (UNFPA) documenta che ancora oggi per tantissime donne e ragazze rimanere incinte non è una scelta pianificata, desiderata, cercata: la metà delle gravidanze nel mondo (121 milioni) sono indesiderate e si stima che il 61% finisca con un aborto.[6] Siamo ben lontani da quella maternità scelta e voluta che, unica, sembra avere diritto allo statuto di normalità.

Lasciando da parte le convinzioni preconcette, dobbiamo riconoscere che è l'idea di che cosa significa oggi essere genitori che evolve in maniera disuguale nella società, e il richiamo alla cosiddetta famiglia naturale serve a tranquillizzare chi non è disposto a riconoscere i cambiamenti. Se per essere genitori oggi si intende prendersi cura e rispondere in modo adeguato ai bisogni di figli e figlie, che mutano a seconda della loro fase evolutiva, ciò vuol dire confrontarsi con l'attivazione di un processo dinamico (la genitorialità) che inizia ancor prima della nascita del figlio e forse anche prima del suo concepimento e persiste per molto tempo. E che non discrimina a priori il genere cui si appartiene. Essere genitore è una delle esperienze straordinarie della vita, che permette di provare sentimenti di enorme gioia, amore, orgoglio, emozione e felicità basati su un rapporto positivo e ricco tra adulti e con i figli e le figlie, e non (più) solo sulle relazioni di parentela definite dal profilo genetico. Si può quindi essere bravi genitori anche grazie a un aiuto solidale, altruistico e gratuito nel generare un figlio, per costruire un rapporto forte e duraturo e a garanzia dei suoi diritti.

Non si vuole affatto negare che il processo della gravidanza per altre persone porti con sé anche una dimensione relazionale, e non soltanto tecnica. «La gestazione per altri è un universo ricco e complesso di rapporti di cui ancora pochissimo si sa, rapporti che alterano l'immaginario collettivo e proprio per questo oggi chiedono di essere visti e compresi», sottolineava per esempio lo scrittore Jonathan Bazzi nel pieno del dibattito sul reato universale.[7]

Avere il coraggio di affrontare questa complessità, anche solo con una riflessione il più possibile sgombra di pregiudizi, può rivelarsi un percorso che arricchisce ognuno di noi e la società nel suo complesso. Occorre però deporre le armi ideologiche. Per dirla con Chiara Saraceno: «la gestazione per altri è un fenomeno troppo complesso per essere affrontato nella modalità di un conflitto ideologico ad alto tasso emotivo».[8]

I.

Di cosa parliamo quando parliamo di GPA

Il 26 giugno 2024 il Parlamento della cattolica Irlanda ha approvato una legge che rende legale la gravidanza per altre persone. Un fatto storico, ha commentato la senatrice Mary Seery Kearney, che si è battuta per anni, insieme all'associazione Irish Families Through Surrogacy, per il riconoscimento dei diritti delle famiglie che sono diventate tali grazie a una donna che ha portato avanti la gravidanza per loro. La notizia in Italia non si è meritata una riga o un secondo di attenzione da parte dei media. I quali pochi giorni dopo, invece, hanno titolato sulla spaccatura all'interno della destra al governo riguardo all'emendamento, avanzato dal senatore leghista Massimiliano Romeo, per inasprire ulteriormente le pene previste dalla proposta di legge italiana che vorrebbe trasformare la GPA in «reato universale». Romeo proponeva di alzare da due a dieci gli anni di reclusione e di aumentare le sanzioni fino a 2 milioni di euro, ma i suoi compagni di governo, Fratelli d'Italia e Forza Italia, e in larga misura il suo stesso partito, gli hanno votato contro (anche se più per evitare il prolungamento della discussione che per autentico disaccordo sulla severità della proposta).

Un approccio comunque molto diverso quello dei due paesi, come vedremo. È stato un percorso di riflessione largamente condiviso quello che ha visto l'Irlanda nel giro di due anni approdare a una legge che regolamenta la procreazione medicalmente assistita nel suo complesso, inclusa la gravidanza per altre persone nella versione altruistica e solidale, sia sul territorio nazionale, sia per quanto riguarda gli esiti di quelle realizzate all'estero.[1] Tutto accessibile e documentato nelle sue diverse tappe da una pagina web puntualmente aggiornata.[2]

Il percorso legislativo si è radicato in un lavoro di approfondimento, affidato a un comitato cui hanno preso parte una dozzina di rappresentanti delle diverse forze politiche, e che ha coinvolto in 11 incontri diverse figure esperte e i cosiddetti «portatori di interesse». Soprattutto, il comitato ha incontrato e ascoltato il punto di vista di persone nate grazie a un percorso di gestazione per altri, le donne portatrici e le famiglie che hanno vissuto l'esperienza di una genitorialità attraverso la GPA. «Condividendo le loro storie personali, hanno fornito ai membri una visione diretta delle sfide che hanno affrontato e continuano ad affrontare nella loro vita quotidiana a causa della mancanza di una legislazione in questo settore», si legge nell'introduzione al rapporto pubblicato nel mese di luglio 2022 alla conclusione dei lavori del comitato e disponibile online.[3]

La scelta dell'Irlanda è chiara: una legge che regolamenta l'accesso alla GPA per tutelare tutte le persone coinvolte, prevenendo ogni forma di sfruttamento, con particolare riguardo «ai diritti, agli interessi e al benessere dei bambini nati attraverso la maternità surrogata (sia quelli futuri, sia quelli già esistenti), delle portatrici e dei genitori intenzionali».

Insomma, con pragmatismo e coraggio, l'Irlanda ha voluto affrontare una realtà complessa, riconoscendo che i percorsi verso la genitorialità si stanno trasformando e che la riproduzione medicalmente assistita è diventata un settore dell'assistenza sanitaria che va seguito nelle sue evoluzioni, spesso veloci, per le profonde ricadute che ha sulla vita delle persone. Il paese sentiva di scontare un ritardo, e la legge approvata a fine giugno 2024 ha posto rimedio a una lacuna giuridica che gravava su tutte le figure coinvolte in un percorso di gravidanza per altre persone: i bambini, le donne portatrici, i genitori intenzionali e i donatori e le donatrici dei gameti.

Anche volendo fare la tara alle dichiarazioni contenute nei documenti ufficiali (si sa che intenzioni e atti non sempre sono conseguenti), rimane lo spirito, oltreché la lettera della legge: un approccio di rispetto, ascolto e accoglienza verso tutte le persone coinvolte, nei loro differenti ruoli.

Ascolto significa anche tenere conto di quel che succede nei fatti, per esempio che per tante ragioni ci si potrà aspettare che alcuni cittadini e cittadine irlandesi continueranno a rivolgersi all'estero per i loro percorsi di gestazione per altre persone. Perciò il già citato comitato di esperti ha raccomandato allo Stato di impegnarsi a orientare i genitori intenzionali verso la scelta di paesi le cui strutture e tutele in materia di gravidanza per altre persone siano maggiormente allineate con quelle irlandesi, per ridurre al minimo il rischio di due pesi e due misure di protezione e tutela.

L'Irlanda non può legiferare in merito a ciò che accade in altri paesi e non può controllare il modo in cui la maternità surrogata avviene altrove. Tuttavia, definendo un quadro chiaro dei requisiti che devono essere soddisfatti affinché lo Stato riconosca gli accordi internazionali, possiamo cercare di guidare i genitori intenzionali verso maternità surrogate più sicure ed etiche, che rispettino i diritti e il benessere di tutti i soggetti coinvolti.

Davvero all'estremo opposto dell'attuale orientamento italiano e di un suo qual delirio di onnipotenza nella narrazione dell'impatto delle nostre scelte legislative sul resto del mondo.

Genitori, non criminali

La coincidenza è nei tempi, ma certamente non negli approcci: il 3 luglio 2024, infatti, la legge irlandese è diventata definitiva, mentre il disegno di legge che introduce il cosiddetto «reato universale», voluto fortemente dal governo di destra e, si dice, dalla stessa premier Giorgia Meloni, ha ottenuto il via libera dalla Commissione Giustizia del Senato senza modifiche (delle bocciature degli emendamenti abbiamo detto).[4] Non resta che l'approvazione finale. Con tutto ciò, al netto delle dichiarazioni entusiastiche che parlano di «vittoria dei diritti»[5] e degli abbracci scambiati tra i proponenti del disegno di legge, ci sono davvero molti dubbi sul significato di questo sedicente reato universale e sulla sua reale applicabilità, e li vedremo più in dettaglio nell'ultimo capitolo.

Qui preme sottolineare che la scelta di una modifica di legge per amplificare addirittura quello che è già vietato vuol dire intervenire con l'accetta su una realtà sfaccettata e complessa, certamente divisiva, che interseca la vita delle persone nella loro idea di sé, nei rapporti e nelle relazioni, nel difficile confronto con le tecnologie, anzi con le biotecnologie, nel modificarsi delle convinzioni e dei valori sociali. Un approccio che non ascolta, ma al contrario esclude a priori alcune componenti della società in cui ci troviamo a vivere. Con tutto che in Italia la risposta sociale non è poi di condanna estrema, secondo l'ultimo rapporto Eurispes:[6] «per quanto riguarda la maternità, il 60% dice sì alla fecondazione eterologa, mentre la possibilità di ricorre al cosiddetto "utero in affitto" conquista una percentuale decisamente più bassa di italiani (37,1%)». Più bassa, certamente, ma un 37% di non contrari, dopo due anni di campagna stampa denigratoria o come minimo confondente, indica un'apertura che andrebbe considerata e che forse sarebbe più ampia se invece di «utero in affitto» si parlasse di «gravidanza per altre persone». Un'apertura confermata anche da altre indicazioni emerse dal rapporto: per esempio il riconoscimento dei figli di coppie dello stesso sesso (adozione del figlio del partner o dei figli nati con fecondazione eterologa o con gestazione per altri, consentite all'estero) vede favorevoli quasi 6 italiani su 10 (58,4%).

In cosa consiste, dunque, il fenomeno della gravidanza per altre persone? Per cercare di conoscerlo meglio vedremo la storia dell'evoluzione delle tecniche di procreazione medicalmente assistita e della legge che ne governa l'uso, la più che discussa legge 40, ma ragioneremo anche della denatalità – che disegna le nostre opulente società del nuovo millennio così come alcune delle società emergenti –, descriveremo quella profonda modifica dell'approccio alla genitorialità che spesso nulla ha a che fare con la gravidanza per altre persone, ma che comunque è già reale, sia che dipenda dalle opzioni biotecnologiche sia che si leghi al ripensarsi delle donne nel proprio ruolo e nel rapporto con i partner. Evocheremo anche le politiche, o meglio la loro assenza, e le ricadute di questa assenza.

Una bella complessità, appunto, che da chi è al governo in questo momento si pretende di affrontare a occhi chiusi e orecchie tappate, sbandierando come universali e naturali strumenti che invece sono specifici e storicamente connotati: l'idea di famiglia, il cosiddetto «diritto» di avere un papà e una mamma, l'onnipresente istinto materno e quindi l'insostituibile ruolo della mamma...

Un approccio stereotipato, che porta a dipingere come nemiche delle persone che non vengono mai coinvolte né ascoltate (a differenza di quanto fatto, invece, dagli irlandesi, cittadini europei come noi), e a criminalizzarle nel loro desiderio di diventare genitori (quante volte abbiamo letto: «siamo mamme e papà, non criminali»). Un approccio che esclude senza appello la possibilità che una donna possa voler offrire il proprio tempo e il proprio corpo in maniera solidale per qualcuno che neanche conosce, che poi è quello che comunque avviene con la donazione di sangue, cellule, tessuti e organi, che esiste anche nella forma cosiddetta «samaritana», tra sconosciuti. Un approccio, infine, che comunque rimette in discussione, escludendola a priori e con paternalismo, l'autodeterminazione delle donne.

Un approccio che distorce il discorso sul mercato della salute, impedendo di andare a fondo in una riflessione che tiene insieme sia il tema del «chi paga per tutto questo?», sia il tema di garantire in misura uguale per tutti e tutte l'accesso alle tecnologie e alle terapie disponibili.

Insomma un approccio punitivo, che a tratti sembra trasudare livore, e che non solo rischia di naufragare sugli scogli del diritto internazionale, ma non fa nemmeno il bene di quelle stesse persone che pretende di voler tutelare. Perché l'illegalità genera sempre altra illegalità.

Potenti e spregiudicate, le agenzie…

Risalgono agli anni settanta del secolo scorso, negli Stati Uniti, i primi accordi per la cosiddetta «maternità surrogata»[7] e sono, in tutto e per tutto, accordi commerciali: uomini le cui mogli sono sterili pubblicano sui giornali annunci per cercare donne disposte a portare in grembo e partorire un bambino dietro compenso. Siamo negli Stati Uniti, la terra delle opportunità, e non sembra esserci niente di male nell'acquistare e pagare un servizio. Soprattutto perché gran parte dell'assistenza e dell'offerta nell'ambito della salute, allora come oggi, è a pagamento. E poi ci sono esempi biblici importanti: Sara che offre ad Abramo la schiava Agar e Rachele che fa la stessa cosa con un'altra schiava, Bala, per avere quei figli che il loro ventre sterile non può generare (due schiave, due figure che non sono nella condizione di sottrarsi, non a caso...).

Ben presto un avvocato con il fiuto per gli affari, Noel Keane, capisce che si possono fare dei bei soldi e apre un'agenzia per mettere in contatto coppie sterili con donne disposte a portare avanti la gravidanza. Keane si era reso conto che le coppie avrebbero pagato somme significative in cambio di un bambino geneticamente imparentato almeno con il padre. La cosa prende piede e già alla fine degli anni settanta, in tutti gli Stati Uniti, sono operanti diverse agenzie.

Poi, all'inizio degli anni novanta, ecco la svolta davvero importante: dallo sviluppo delle tecnologie di riproduzione assistita arriva la possibilità della fecondazione in vitro dei due gameti. Da questo momento una gestante disponibile potrà portare in grembo un bambino con cui non ha alcun legame genetico o parentale. Diventa davvero una «gravidanza per altri». Come vedremo più in dettaglio nel prossimo capitolo, la procreazione medicalmente assistita consente di riconoscere la profondità reale e la differenza tra i concetti di sessualità e riproduzione, legami genetici e progetti genitoriali, ruoli e figure coinvolte nel percorso di portare alla luce una nuova vita, di allevarla e farle da guida nel mondo.

Tecnicamente è ormai diventato più semplice anche per le coppie omosessuali, anche per una persona sola, sognare e realizzare il progetto di avere un figlio o una figlia, così come avviene per le coppie etero. Tanto più che la possibilità di avere un bambino o una bambina che assomigliano a mamma e papà, anche se sono stati partoriti da una donna dalle fattezze completamente diverse, diventa il grande motore di un'industria globale della GPA. Ci si può rivolgere a paesi a basso reddito dove l'intero processo costa molto meno e, in virtù di alcune lacune legislative, come succede spesso sui mercati nascenti, sviluppare quel grande business che nel giro di una trentina d'anni si consolida a livello internazionale.

Di pari passo si sviluppa quella narrazione sulle ragazze del Sud del mondo sfruttate dai ricchi bianchi egoisti, che ancora adesso è dominante in alcuni contesti. E che probabilmente è vera e falsa allo stesso tempo. Vera perché la logica del business insieme a scarse o assenti tutele ha in sé la forza per schiacciare persone fragili e armate di pochi strumenti per difendersi, lo vediamo succedere anche in ambiti molto lontani dalla gestazione per altri, nell'agroalimentare, per dirne uno, che ha portato alle cronache episodi atroci di sfruttamento. Quindi non si può escludere che ci siano stati episodi di abuso.

Ma è anche falsa, perché vuol dire lasciare sullo sfondo, ignorati, alcuni dei protagonisti della storia: i genitori intenzionali, cioè quelle coppie etero che alcuni dati (peraltro non si sa quanto attendibili) indicano essere tra l'80 e il 90% dei ricorrenti alla gravidanza per altri. Persone che per circostanze che non conosciamo non possono avere figli, e che magari si sono sottoposti a cicli di stimolazione ovarica, a tentativi di inseminazione che non sono andati a buon fine, che hanno sperato e sofferto terribili delusioni, che magari hanno investito tutti i propri risparmi nella scommessa di riuscire a diventare una mamma e un papà. O anche coppie gay (poche, dicono le statistiche), che una volta non avrebbero mai potuto sognare di diventare genitori, e a cui non è chiaro chi e perché si arroghi il diritto di impedirlo, oggi che le tecniche esistono. E, naturalmente, vuol dire lasciare sullo sfondo anche la donna gestante, che può aver deciso per ragioni che sono solo sue di prendere parte a questo percorso. Certo, vanno considerati anche il bambino o la bambina in attesa di nascere, ma su questo punto il discorso è così complesso che lo tratteremo in dettaglio più avanti.

Ora, a nessuno sono simpatiche le società che fanno i soldi, come si dice, sulle disgrazie altrui, ma la soluzione non sarebbe piuttosto quella di dotarsi di normative che accompagnino – e non combattano – la realtà delle cose? Come alla fine ha fatto l'India, dove secondo alcuni studi l'industria della gestazione per altri era arrivata a rappresentare un fatturato di oltre due miliardi di dollari all'anno, ma che nel dicembre 2018 con il Surrogacy Regulation Bill ha ufficialmente vietato la versione commerciale e oggi consente solo accordi in forma altruistica all'interno della famiglia dei genitori committenti e di origine indiana (non senza scatenare le proteste di gruppi di donne che avrebbero voluto continuare a ricevere un compenso, a riprova della non linearità di queste storie).

Oggi non esiste una politica armonizzata, né negli Stati Uniti né nell'Unione europea, per regolamentare la gravidanza per altre persone, esiste invece un mosaico di leggi diverse e complicate.[8] Fino a che non si arriverà a una politica comune, il flusso di genitori intenzionali del cosiddetto turismo procreativo non verrà meno (come hanno capito gli irlandesi), e le agenzie avranno motivo di esistere e prosperare. Considerata la pluralità dei punti di vista, degli interessi e dei valori in gioco, le due strade alternative – e cioè vietare del tutto la GPA o rendere legale per tutti solo la forma altruistica e solidale – sembrano entrambe poco praticabili. Ferma restando la condanna degli abusi.

Interessante infatti che l'Europa, che ad aprile 2024 ha approvato una direttiva che individua e condanna nuove forme di riduzione in schiavitù degli esseri umani, abbia indicato agli Stati membri di sanzionare solo le forme di GPA in cui si rinvenga sfruttamento:

> Durante i negoziati, si è convenuto di menzionare esplicitamente lo sfruttamento della «maternità surrogata» come un ulteriore tipo di sfruttamento, prendendo di mira coloro che costringono o ingannano le donne a diventare madri surrogate.[9]

Per quanto sia stata salutata come una vittoria dai sostenitori della GPA come reato universale, l'inclusione dello sfruttamento della gravidanza per altre persone tra le pratiche della tratta di esseri umani riguarda esattamente le modalità in cui si può determinare un abuso, come sottolinea la scelta di termini molto precisi: «costringono», «ingannano» e «sfruttamento».[10] Cioè quello a cui si oppongono da sempre tutte le proposte normative della gravidanza per altre persone nella sua forma altruistica. Ma non si tratta affatto di una condanna in toto della GPA, nemmeno nella versione commerciale, come indica chiaramente la direttiva: «tali norme lasciano inoltre impregiudicate le norme nazionali sulla maternità surrogata». Si tratta, invece, di dotare i paesi membri di un inquadramento coerente di ciò che è ammesso e di ciò che è da contrastare in quanto abuso, ma senza escludere l'esistenza di pratiche che possono godere di piena liceità – così come includere il matrimonio forzato tra i reati di tratta degli esseri umani non significa condannare l'istituto del matrimonio nelle sue forme legali.

Stato o mercato?

Il mercato della GPA commerciale nel 2022 ha realizzato 14,4 miliardi di dollari e, con una proiezione di crescita di quasi il 25% annuo, potrebbe raggiungere l'impressionante valore di 129 miliardi di dollari nel 2032. Sono i dati contenuti in un rapporto rilasciato nel 2022 da Global Market Insights (GMI), una società che elabora dati di mercato per clienti per lo più imprenditoriali.[11] Per fare un confronto, gli stessi analisti assegnano al mercato globale delle protesi mammarie una previsione di crescita del solo 9,6% e quindi uno sviluppo dagli attuali 19,2 miliardi di dollari nel 2023 a 58,2 miliardi entro il 2035. Meno della metà.

Non è facile disporre di dati certi sul fenomeno della gravidanza per altre persone, per quanto riguarda non solo la sua dimensione di mercato, ma anche i profili reali di chi vi prende parte e gli esiti di salute. Certamente la variabilità normativa rende difficile confrontare i dati e il persistere di quella zona grigia frequentata dalle persone che si recano dai paesi dove è vietata a quelli dove è consentita non è d'aiuto. E poi è solo da una trentina d'anni che la fecondazione in vitro di entrambi i gameti è diventata pratica comune, perciò non c'è (troppa) ragione di stupirsi per la scarsa disponibilità di informazioni validate. La creazione di registri pubblici di raccolta dati, come prevede la nuova legge irlandese, sarebbe utile per disporre di studi seri sugli aspetti di salute.

Per tornare al mercato, per lo più si tratta di stime e proiezioni, ma, come aveva intuito l'avvocato Keane, si tratta di molti soldi: negli Stati Uniti il costo totale di una procedura, in cui rientrano il compenso previsto a favore della gestante, gli aspetti medici e tecnologici, quelli legali e burocratici e le eventuali ulteriori spese direttamente o indirettamente collegate, varia da 80 000 a 150 000 dollari. Molto più economiche sono le tariffe di un altro paese in cui la GPA commerciale arriva comunque a incidere sul PIL, l'Ucraina: si va dai 31 000 ai 48 000 dollari, di cui alla donna portatrice spettano tra i 14 e i 17 000 dollari, contro i 25-35 000 dei compensi americani.

Basta fare due conti per capire che nel costo complessivo è l'insieme della procedura a pesare, i compensi per le donne incidono per quasi il 40% in Ucraina, ma meno del 30% negli Stati Uniti. A conferma, in Canada, dove la gestazione per altri è consentita solo se in forma altruistica, il costo totale della procedura continua a essere alto: da 62 000 a 90 000 dollari canadesi, mentre il rimborso spese per la gestante oscilla tra i 18 e i 25 000.[12]

Quello che si paga in maniera precipua, quindi, chiunque sia a farlo, non è mai, nemmeno nelle forme commerciali degli Stati economicamente avvantaggiati, la disponibilità della donna che «affitta» l'utero (usiamo qui deliberatamente questa espressione dispregiativa per sottolineare l'aspetto del mercato), ma piuttosto la complessità di un'offerta tecnologica sempre più costosa, come avviene anche per il mercato dei farmaci innovativi e, probabilmente, i «costi d'esercizio» delle società che la gestiscono. Ancora una volta la realtà è un po' più complicata di certa narrazione: le donne coinvolte ricevono un compenso o una forma di rimborso per le spese sanitarie e il tempo dedicato alle procedure mediche, ma non è questa la componente che pesa di più. I veri soldi si fanno altrove e, tutto sommato, con o senza (quando la GPA è solidale) le donne che partecipano al percorso. Il business non sta nello sfruttamento dei corpi femminili, e questo probabilmente riduce anche il rischio di forzature e abusi.

Comunque è l'Europa a trainare la crescita della GPA, ci spiega il rapporto GMI: tra il 2018 e il 2022, in USA il mercato è cresciuto da 1,2 a 3,2 miliardi, un andamento paragonabile a quello dei paesi asiatici, ma in Europa si è passati da poco meno di 3 miliardi a 7. E siccome si tratta di un'indagine di mercato, il commento è che politiche di rimborso favorevoli, insieme a una presenza importante di fornitori di servizi e al progresso tecnologico, continueranno a mantenere alta la crescita del mercato europeo per i prossimi anni. Mentre tra i fattori limitanti vanno calcolati legislazioni severe contro la GPA commerciale e i costi elevati delle procedure. Tra i fattori di crescita che riguardano tutti i paesi, il rapporto cita: l'aumento dei casi di infertilità, la consapevolezza crescente dei trattamenti oggi disponibili, l'aumento del numero delle cliniche per il trattamento e il diffondersi di stili di vita non salutari che possono avere un impatto sulla salute riproduttiva.

A questo proposito, un dato impressionante che si legge nel rapporto riguarda la fascia d'età che più di tutte ha fatto ricorso alla gestazione per altre persone, quella al di sotto dei 35 anni in tutti i paesi: un numero quasi doppio rispetto al gruppo immediatamente successivo, quello di 35-37 anni.

Quanto sarebbero utili delle modalità condivise dalla comunità scientifica per raccogliere, validare e interpretare i dati sui diversi aspetti di salute della gestazione per altre persone, che aiutino a fare luce su quello che succede a livello nazionale e internazionale. La numerosità del gruppo di persone al di sotto dei 35 anni si spiega con le sole dinamiche di mercato o è indice di una veloce riduzione di fertilità?

Sappiamo che alcuni aspetti della vita di oggi impattano sulla riduzione delle nascite (per scelta) e alimentano la denatalità, che caratterizza il nostro paese più di altri; ma sappiamo anche che il calo di fertilità, per cui anche volendo diventa difficoltoso avere figli, è una vera patologia, come la definisce l'Organizzazione mondiale della sanità. Allora è giusto che i costi per rimediare a una condizione patologica gravino solo sulle persone che ne soffrono?

Che non sia giusto lo ha riconosciuto il nostro Servizio sanitario nazionale, che nel 2024 ha incluso (almeno sulla carta) le tecniche di procreazione medicalmente assistita tra i livelli essenziali di assistenza in tutto il territorio italiano. La gravidanza per altre persone, vietata da sempre, non può aspirare a essere inclusa, eppure, se veramente si vuole combattere l'approccio commerciale e, ancora peggio, il rischio di abuso, l'unica strada sarebbe proprio quella.

Se vogliamo che non sia consentita alcuna forma di speculazione e commercializzazione di materiale biologico umano bisogna essere consapevoli che questo implica un trasferimento di costi dal singolo al pubblico.

Dispiace dover citare ancora la ministra Eugenia Roccella, ma su «il Giornale», il giorno dopo il via libera della Commissione Giustizia del Senato al cosiddetto «reato universale», ha scritto:

> Noi doniamo il nostro sangue, le cellule, i tessuti, eventualmente gli organi. Lo facciamo in modo totalmente, pienamente gratuito e solidale. Metterli in vendita, prima ancora che con la legge, confliggerebbe con il nostro sentire più profondo. A nessuno si può chiedere di vendere, come in un vecchio e straordinario film di Alberto Sordi, un occhio, approfittando di una condizione di necessità.[13]

Davvero ardito questo paragone tra la vendita di un occhio e la disponibilità della gravidanza per altre persone dove non viene donato (o venduto) niente, se non il tempo, perché terminata la gravidanza la donna rimane fisicamente la stessa, al contrario di chi, per esempio, dona un rene.

Per questo, se proprio si vuole fare un paragone, la gravidanza per altre persone richiama piuttosto la donazione del sangue e il bioeticista Maurizio Mori ne ricostruisce così esordi e parallelismi:

> Quando era ancora «braccio a braccio», la trasfusione comportava un onere per il donatore, forse minore rispetto a

quello di una gravidanza, ma pur sempre non trascurabile. Ciò non ha impedito che iniziasse la pratica con persone pronte a dare sangue nel tempo libero e medici disposti a offrire il servizio gratuito, tanto che la trasfusione è diventata modello di altruismo sociale.
Per il reperimento del sangue si sono presentate due opzioni: la donazione solidale, che non prevede alcun compenso per il sangue dato, ma che può prevedere forme di incentivo e quella a pagamento.[14]

Come sappiamo l'Italia, a differenza degli Stati Uniti, ha scelto la forma solidale: sangue e organi non sono e non devono essere sottoposti a compravendita, ma sappiamo che il sistema trasfusionale e il sistema trapianti assicurano la filiera di raccolta, conservazione, sicurezza e distribuzione di questi materiali biologici a spese del Servizio sanitario nazionale e nell'ambito della Direttiva europea 2010/53/UE.

Un costo condiviso, dunque, per il bene della società nel suo complesso. È davvero così ardito pensare a qualcosa di simile anche per la GPA?

IL FILM. *Gli affetti e le relazioni, al di là degli stereotipi*

La petite, regia di Guillaume Nicloux, con Fabrice Luchini, Mara Taquin, Maud Wyler, Juliette Metten, Veerle Baetens. Francia 2023.

Un anziano vedovo, Joseph, restauratore di mobili a Bordeaux, riceve la notizia della morte del figlio, rimasto ucciso in un incidente aereo assieme al suo compagno. Reagisce al dolore impegnandosi a rintracciare la ragazza che aveva accettato di condurre una gravidanza per la coppia, una giovane belga, Rita, già madre di una bambina di nove anni. Rita non ha un soldo, perciò ha accettato di condurre la gravidanza, con un accordo in nero perché in Belgio la GPA è ammessa solo nella forma solidale. Gli esordi dei rapporti tra i due non sono facili, ma alla fine Rita, che non ha alcuna intenzione di tenere la bambina, accetta che sia Joseph ad adottarla. Quest'ultimo ne diventa così non il nonno ma il papà, riempiendo nuovamente di significato la propria vita. Anche Rita e sua figlia, però, troveranno in Joseph una persona con cui costruire una relazione di affetto e vicinanza.

2.
Si può fare

Un percorso lungo, stentato, a tratti fantasioso: arrivare a scoprire con certezza e nel dettaglio come si realizza la riproduzione umana è stata una sfida che si è protratta fin quasi alle soglie del secolo scorso. Qualcosa si era capito, certo, nel corso dei secoli: osservando gli animali e grazie a quel po' di intuizione che ha fatto sì che il mistero del dare la vita venisse comunque trattato come un affare tra uomini e donne, regolato dal matrimonio (quantomeno nelle principali società del mondo occidentale) e da creative soluzioni alternative quando era necessario assicurare discendenza e potere. Si era capito, anche, che possono esistere condizioni patologiche, della donna o dell'uomo, che rendono difficile, se non impossibile, mettere al mondo bambini e bambine. Perciò, anche senza avere ben chiaro e per intero come funzionasse la faccenda, tentativi di rimediare quando qualcosa non andava si segnalano già dalla fine del Settecento, soprattutto dopo che il biologo Lazzaro Spallanzani dimostrò che l'orgasmo femminile non è essenziale perché un rapporto sia fecondo (e che bell'alibi a quel punto per disinteressarsi del piacere femminile).

Dopo di che il passo è breve per capire che quello che conta è che lo spermatozoo raggiunga l'ovocita e che il rapporto sessuale in sé non è indispensabile per la fecondazione. Cosa che vale anche per gli animali ovviamente (e anche in questo ambito l'interesse era alto), e infatti la più antica applicazione documentata di una tecnica di riproduzione assistita risale al 1783, quando Spallanzani, di nuovo lui, inietta sperma di cane nella vagina di una cagnetta ottenendo allo stesso tempo una bella cucciolata e il titolo di «padre scientifico della fecondazione artificiale».

Un secolo dopo, l'inseminazione artificiale è già un capitolo dei trattati di chirurgia ginecologica per tentare rimedi alla sterilità femminile. Riuscire ad avere figli, si pensa, è una responsabilità che riguarda soprattutto la donna e il suo ruolo sociale di madre di famiglia.

Le tecniche che si stanno affacciando all'orizzonte medico, tuttavia, devono essere invasive il meno possibile, entrare in punta di piedi nell'intimità della coppia. Anche così, c'è chi le considera immorali e scandalose, soprattutto quando per lo sperma si ricorre a un donatore (primi episodi di fecondazione eterologa). Perciò il tutto deve avvenire con la massima discrezione, quasi in segretezza. Ciò nonostante, a qualche medico capita di finire sotto processo, mentre si stabiliscono regole per discriminare le domande socialmente accettabili (niente coppie omosessuali!). Ma anche così, immancabile, nel 1897 la Chiesa cattolica condanna in blocco l'inseminazione artificiale. Come ha avuto modo di ripetere più volte lo storico Alessandro Barbero nelle sue conferenze: «la Chiesa dell'Ottocento è convinta che tutta la modernità sia sbagliata».

E tuttavia la spinta ai rimedi alla sterilità è forte: nel 1924 il ginecologo giapponese Kyūsaku Ogino (proprio quello che in coppia con il collega austriaco Hermann Knaus è titolare di un discusso metodo contraccettivo naturale) ha fatto luce sul meccanismo dell'ovulazione. Ora sappiamo che la liberazione dell'ovulo dall'ovaia avviene in linea di massima una volta al mese, nell'ambito del ciclo mestruale. Perciò la tappa successiva riguarderà la possibilità di fecondare un ovulo *fuori* dal corpo di una donna per poi reimpiantarlo e avviare la gravidanza.

I tentativi cominciano verso la fine degli anni trenta del secolo scorso, prima sulle coniglie e poi su ovociti di provenienza umana. Ma le conoscenze sulla fisiologia riproduttiva sono ancora insufficienti e tra tentativi ed errori si arriva fino al 1960, quando Robert Edwards, un giovane fisiologo inglese che studia la maturazione degli ovociti di topo in vitro, decide di estendere le ricerche agli ovociti umani. Sarà l'inizio di un percorso che lo porterà nel 1978 a sovrintendere alla nascita di Louise Brown, che diventerà famosa come la prima «bambina in provetta» figlia della fecondazione in vitro.

Il successo di Edwards è una svolta epocale, che il bioeticista Maurizio Mori paragona «all'invenzione della ruota o della scrittura, cioè i passi che hanno portato a nuovi livelli di civiltà». La sessualità e la riproduzione umana hanno preso definitivamente strade diverse.

I numeri della PMA

Nei quasi cinquant'anni che ci separano dalla nascita di Louise Brown le tecniche di riproduzione medicalmente assistita, o PMA, sono esplose, nelle tecnologie e nei numeri.

Guardando all'Italia, nel 2021 (ultimi dati disponibili nel momento in cui scrivo) il 4,2% dei bambini e delle bambine ha visto la luce grazie a una tecnica di PMA cui si sono sottoposti i loro genitori.[1] Il che vuol dire circa 16 000 sull'esiguo numero dei poco più di 400 000 nuovi nati, secondo il trend da inverno demografico che caratterizza il nostro paese.

Se vogliamo vedere la cosa dal punto di vista delle loro mamme, nel 2021 sono state 86 090 le donne che hanno fatto ricorso a una tecnica procreativa, un numero in crescita del 13% rispetto a quello medio del periodo 2014-2019. Un trend positivo a cui si aggiunge anche il dato sul miglioramento dei risultati dei figli nati vivi alla fine del percorso, che da una media annua di 13 246 nel periodo 2014-2020 sono diventati 16625 nel 2021, con un incremento di quasi il 26%. Un risultato che testimonia dell'efficacia delle tecniche, passando da 17,7% nati vivi ogni 100 coppie che sono ricorse alla PMA nel periodo 2014-2020 al 19,3% nel 2021.

Allargando lo sguardo alla popolazione che affolla oggi il pianeta, si stima che dai tempi di Robert Edwards almeno 8 milioni di bambini e bambine siano stati concepiti avvalendosi di una tecnologia di PMA. Ogni anno nei diversi paesi del mondo, soprattutto in quelli con tecnologia avanzata, si eseguono oltre

2,5 milioni di cicli di fecondazione che si traducono in 500 000 parti all'anno.

Sebbene il ricorso a tecniche di PMA sia ancora relativamente raro rispetto alla domanda potenziale, il suo utilizzo è più che raddoppiato negli ultimi dieci anni. Per esempio, circa il 2,3% di tutti i bambini nati ogni anno negli Stati Uniti vengono concepiti utilizzando la PMA e, come abbiamo visto, in Italia la percentuale è quasi doppia.

Certo, i dati relativi al 2021 nel nostro paese sul numero dei cicli effettuati (108 067), di coppie trattate (86 090) e di nuovi nati (16 625) segnalano un aumento nel ricorso a queste tecniche rispetto alla contrazione dell'attività che è stata registrata nel 2020, legata alla pandemia di COVID-19 e ai protocolli adottati per contenerla. Ma è lecito attendersi che i dati relativi al 2022, quando saranno disponibili, possano confermare questa tendenza.

Quanto alle tecniche applicate: 10 234 coppie (il 12%) hanno usufruito delle cosiddette tecniche di I livello, meno sofisticate, e 75 856 coppie (88%) di quelle di II o III livello, più complesse.

Progressi rapidi, risultati importanti, successi modesti

A partire dalla nascita della piccola Louise Brown le procedure di procreazione medicalmente assistita si sviluppano in fretta (come possiamo vedere nella figura 1), integrandosi nella gestione della fertilità con una rapidità tale da rendere difficile un'appropriata valutazione dei risultati a breve e lungo termine, con numeri sufficienti per ridurre al minimo i

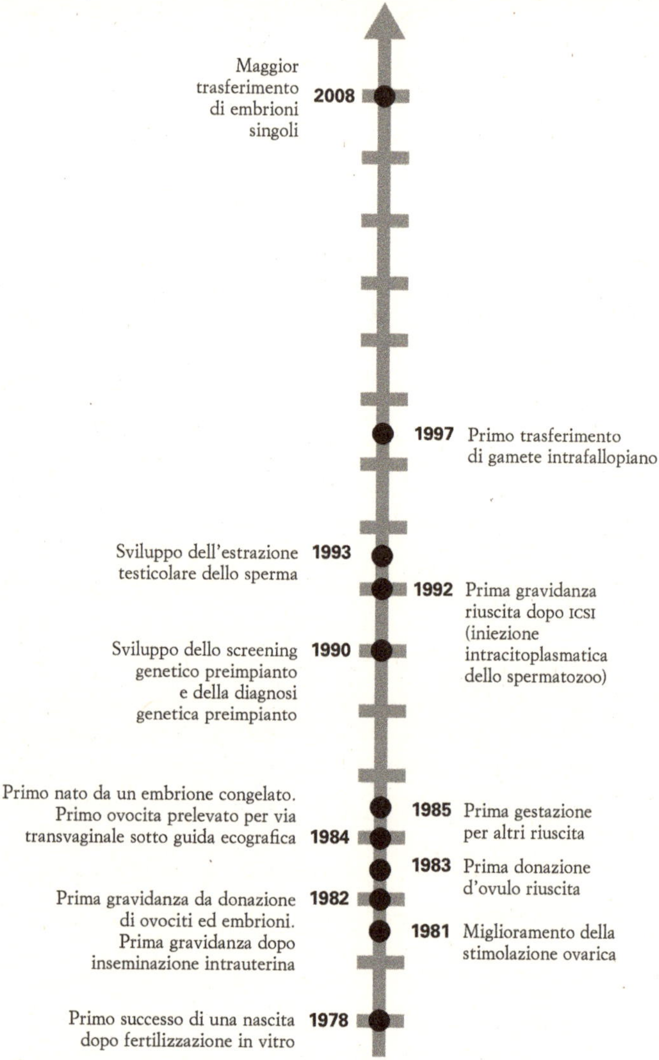

Figura 1
Sviluppo delle tecniche di procreazione medicalmente assistita a partire dalla prima nascita mediante fertilizzazione in vitro.

Fonte M.E. Graham *et al.*, *Assisted Reproductive Technology. Short- and Long-Term Outcomes*, in «Dev Med Child Neurol.», 65, 1, 2023, pp. 38-49.

fattori di confondimento statistico. E anche con una certa difficoltà nel fornire una corretta informazione sui rischi di esito della procedura. Ciò nonostante oggi la IVF, la fecondazione in vitro, nelle donne con meno di 35 anni ha successo in quasi il 50% dei casi.

Per le altre tecniche i risultati sono meno eclatanti, intorno al 18-19%, ma integrandole con farmaci, test e strategie terapeutiche, significa comunque che molte coppie precedentemente sterili sono in grado di concepire, portare in grembo e partorire figli sani.

L'infertilità è una malattia del sistema riproduttivo maschile o femminile, caratterizzata dal mancato raggiungimento di una gravidanza dopo 12-24 mesi di rapporti sessuali regolari non protetti. Può essere congenita o acquisita, di entrambi i componenti della coppia o solo di uno.

Colpisce 186 milioni di persone in tutto il mondo (circa il 10-12%), mentre nel nostro paese la percentuale è un po' più elevata, circa il 15%. Delle 32 562 coppie trattate nel 2020 in Italia con tecniche di PMA, il 20% risultava infertile per ragioni relative al maschio, il 18% per fattori sia maschili che femminili, il 16% dei casi riguardava la cosiddetta infertilità idiopatica (casi in cui non si riescono a determinare cause femminili o maschili per spiegare l'infertilità della coppia). Nel 46% dei casi si trattava di infertilità femminile. Esistono però anche casi – pochi – in cui sembra esserci un'impossibilità per quella particolare unione tra persone di concepire la vita.

L'infertilità maschile ha diverse cause, tra cui mutazioni genetiche, malattie mediche, farmaci e fattori legati allo stile di vita, quella femminile è spesso correlata a una riserva ovarica ridotta, a disfunzione ovulatoria e anomalie strutturali. Stress, ansia e depressione possono peggiorare il quadro. Tuttavia è difficile attribuire con precisione le singole cause perché non tutte le persone infertili sanno di esserlo e non tutte optano per la fecondazione assistita.

Per alcune coppie, adottare tempistiche appropriate per i rapporti o modificare lo stile di vita, come smettere di fumare o seguire un diverso regime dietetico, possono essere sufficienti per il concepimento. Per altre, può rendersi necessario ricorrere a cicli di ormoni che promuovono l'ovulazione, il trattamento medico di disturbi come per esempio il diabete, o le procedure chirurgiche per l'occlusione tubarica.

Quando nessuno di questi approcci ha successo ecco che si apre per la coppia la possibilità di fare ricorso a una delle tecniche di procreazione medicalmente assistita. Obiettivo primario di ogni trattamento di PMA è la nascita di un neonato o una neonata vivi, a termine e sani, utilizzando in prima istanza le opzioni terapeutiche più semplici, meno invasive e meno onerose, tenendo in debito conto le caratteristiche e le problematiche specifiche della coppia. Si procede secondo appropriatezza, come dovrebbe essere per ogni intervento terapeutico.

E tuttavia le cose non sono già risolte: le tecniche possibili per rimediare all'infertilità sono ormai numerose ed evolvono velocemente (la tabella 1 le riepiloga e riordina), ma per le coppie che scelgono di sottoporvisi inizia un percorso non semplice dove le delusioni sono probabili, le incertezze numerose, i costi elevati e la percentuale di risultati positivi, come abbiamo visto, arriva al massimo al 50% nelle donne giovani che si sottopongono alla «semplice» fecondazione in vitro, mentre non supera il 20% nei casi di ricorso a tecniche più complesse.

Tabella 1 Tecniche di PMA.

Tecniche di I livello
• inseminazione intracervicale/sopracervicale in ciclo naturale eseguita utilizzando tecniche di preparazione del liquido seminale;
• induzione dell'ovulazione multipla associata a inseminazione sopracervicale eseguita utilizzando tecniche di preparazione del liquido seminale;
• eventuale crioconservazione dei gameti maschili.
Tecniche di II livello *(procedure eseguibili in anestesia locale o sedazione profonda)*
• prelievo degli ovociti per via vaginale;
• fecondazione in vitro e trasferimento dell'embrione (FIVET);
• iniezione intracitoplasmatica dello spermatozoo (ICSI);
• trasferimento intratubarico dei gameti maschili e femminili (GIFT) per via transvaginale o guidata o isteroscopica;
• prelievo testicolare dei gameti (prelievo percutaneo o biopsia testicolare);
• eventuale crioconservazione di gameti maschili e femminili ed embrioni (nei limiti delle normative vigenti).
Tecniche di III livello *(procedure che necessitano di anestesia generale con intubazione)*
• prelievo microchirurgico di gameti dal testicolo;
• prelievo degli ovociti per via laparoscopica;
• trasferimento intratubarico dei gameti maschili e femminili (GIFT) per via laparoscopica.

Insomma, le cause e le condizioni che conducono all'impossibilità di concepire e i diversi tentativi di intervento possono essere ben rappresentati come un «percorso» alla fine del quale, se tutto va bene, sarà stato possibile dare la vita a un nuovo essere umano (fig. 2).

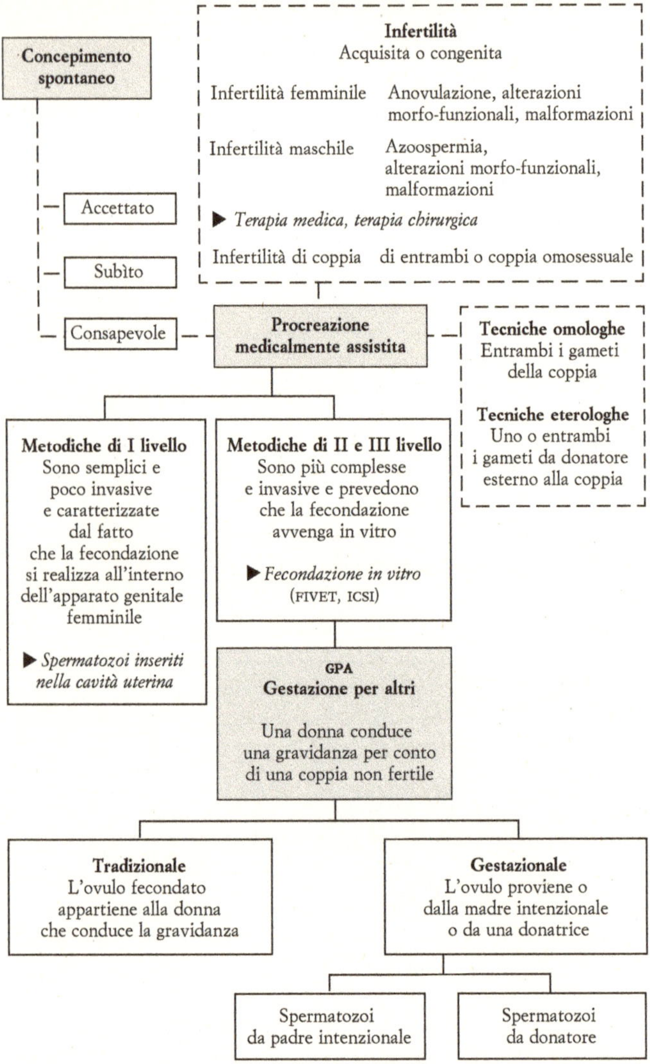

Figura 2
Percorso di concepimento.

Fonte elaborazione di Maurizio Bonati. E. Benelli e M. Bonati, *Gestazione per altri, reato universale? No grazie*, in «Scienza in rete», 19 giugno 2023: www.scienzainrete.it/articolo/gestazione-altri-reato-universale-no-grazie/eva-benelli-maurizio-bonati/2023-06-19.

Ma bisogna proprio volerlo e bisogna volerlo in due e nello stesso tempo se si è in coppia (d'altra parte, la PMA per i single in Italia non è contemplata). Il progetto di genitorialità deve essere forte e condiviso, anzi, proprio perché coinvolge dimensioni emotive importanti, può essere previsto, offerto o comunque cercato un supporto psicologico.

Insomma, la PMA è un insieme di tecniche, ma è anche soprattutto la componente di un viaggio esistenziale.

Diamoci una regolata

Come hanno reagito le diverse opinioni pubbliche, gli attori sociali, le autorità legislative e morali al dispiegarsi di queste possibilità in cui sessualità e riproduzione nel migliore dei casi si sorridono a distanza? «Il controllo della riproduzione oggi possibile ci fa entrare in un "mondo nuovo" radicalmente diverso da quello del passato. La grandiosità dell'innovazione è stata solo avvertita, ma ha subito generato un enorme sconcerto», per citare ancora Maurizio Mori.[2]

In effetti anche il mondo scientifico, che dovrebbe essere più aperto nell'accogliere le grandi trasformazioni, ha lasciato passare ben trentadue anni prima di assegnare a un ormai ottantacinquenne Robert Edwards il premio Nobel per la medicina (appena in tempo visto che sarebbe morto meno di tre anni più tardi). Tardivo riconoscimento dell'enorme progresso compiuto aiutando a venire al mondo la piccola Louise Brown e rivoluzionando le idee di procreazione medicalmente assistita.

Ma, una volta che questa possibilità si è aperta e le ricerche per ampliare il raggio d'azione delle tecniche galoppano, diventa necessario dare una norma, stabilire che cosa è lecito e che cosa no e sulla base di quali criteri.

In Europa, forse non a sorpresa, la prima a dotarsi di una legge organica in materia di PMA è stata la Spagna, sul finire degli anni ottanta del secolo scorso. Sotto il governo socialista di González, fin dal primo momento lo spirito che anima la legislazione è che le tecniche di PMA, oltre a contribuire a superare gli effetti della sterilità, sono particolarmente importanti anche per altri obiettivi di ricerca scientifica. Per questo si permette da subito la donazione, la crioconservazione (la conservazione di gameti ed embrioni congelati) e l'utilizzazione degli embrioni a fini diagnostici. Un approccio «permissivo» che (è facile immaginare) genera accese controversie e tentativi di modifica. Comunque dal 2006 la legge spagnola sulla procreazione medicalmente assistita rimane tra le più aperte del panorama internazionale, consentendo per esempio la maternità alle persone single, l'adozione degli embrioni e la fecondazione post mortem. Si alimenta anche quel turismo procreativo che vedremo essere un fenomeno costante quando si affermano opzioni terapeutiche che non sono disponibili allo stesso modo per tutte e tutti.

Nel 2021 anche la Francia ha modificato la propria normativa in tema di PMA: con 326 voti a favore, 115 contrari e 45 astenuti il Parlamento ha dato il via libera a un approccio più ampio che include le persone single e le coppie lesbiche, realizzando una delle promesse elettorali di Emmanuel Macron. Anche se, a onor del vero, la proposta diventata legge ha avuto un percorso più lungo, perché risale al governo socialista di François Hollande (dopo la promulgazione della legge a favore dei matrimoni fra persone dello stesso sesso nel 2013) e interviene anche sul diritto che regola la filiazione, l'adozione e la genitorialità.

Punitiva, obsoleta, sbagliata

E l'Italia? Nel nostro paese, prima della promulgazione della legge 40 il 19 febbraio del 2004 (quasi trent'anni più tardi della prima legge spagnola), tutto il pacchetto della procreazione medicalmente assistita è governato da un paio di circolari e quattro ordinanze del Ministero della Salute (allora della Sanità), volte soprattutto a stabilire divieti, secondo una logica, anche corretta, che è quella di evitare abusi e scorrettezze, ma senza una visione di insieme.[3]

Un inquadramento più ampio potrebbe ritrovarsi nel Codice deontologico dell'Ordine dei medici in vigore in quegli anni, che introduce sì il criterio dell'interesse del «bene del nascituro», ma di nuovo con un intento proibitivo. Vieta infatti la GPA, la fecondazione assistita al di fuori di coppie eterosessuali stabili, la fecondazione assistita in donne in menopausa non precoce e la fecondazione assistita dopo la morte del padre. Il codice vietava anche ogni pratica di fecondazione assistita ispirata a pregiudizi razziali, la selezione dei gameti e ogni forma di sfruttamento commerciale, pubblicitario o industriale di gameti, embrioni o feti, nonché la produzione di embrioni ai soli fini di ricerca. Erano inoltre vietate pratiche di fecondazione assistita in studi, ambulatori e strutture sanitarie prive di requisiti idonei. Il medico che si fosse macchiato di tali comportamenti avrebbe subito un procedimento disciplinare da parte dell'Ordine stesso.

Insomma, un insieme di criteri ragionevoli, come la definizione dei requisiti di qualità per le strutture che possono praticare la PMA e di contrasto agli abusi e ai pregiudizi razziali, mescolati con vaghe indicazioni sul bene del nascituro, e soprattutto a richiami alla famiglia tradizionale cattolica. Non si percepisce invece alcuna riflessione né sul diritto alla genitorialità, né sulle aspettative e sulle speranze delle coppie che devono fare ricorso alle tecnologie mediche per poter dare la vita. Quello sconcerto rispetto al «mondo nuovo» di cui parla Maurizio Mori si traduce in riluttanza del mondo più conservatore che sembra dire «se proprio bisogna farlo, facciamolo, ma che non sia facile». E basta guardare l'articolo 1 della legge che finalmente arriva a raccogliere tutte le indicazioni sulle procedure della PMA per rendersene conto: «Al fine di favorire la soluzione dei problemi riproduttivi derivanti dalla sterilità o dalla infertilità umana è *consentito* il ricorso alla procreazione medicalmente assistita».

E in effetti, quando il 10 marzo 2004 entra finalmente in vigore la legge 40 – conosciuta come legge Sirchia, dal nome del suo estensore, l'allora ministro della Salute Girolamo Sirchia –, le coppie che speravano di vedere riconosciuto e semplificato il proprio desiderio di diventare genitori si accorsero invece che erano tanti e non sempre ragionevoli i vincoli e gli ostacoli che la legge aveva posto sulla strada della PMA. Tanto che nel 2024 si sono celebrati non solo i vent'anni dalla promulgazione della legge, ma anche i 10 dalla sentenza della Corte costituzionale che ha dichiarato illegittimo il divieto di fecondazione eterologa che faceva parte dell'impianto originale. Ugualmente sono stati eliminati altri vincoli il cui intento sembrava deliberatamente restrittivo, se non punitivo: dal divieto di effettuare diagnosi preimpianto, avviando comunque una gravidanza che poteva avere un esito incerto, all'obbligo di non produrre più di tre embrioni per ogni ciclo di fecondazione, da impiantare tutti contemporaneamente aumentando il rischio di gravidanze e parti gemellari. Non per niente il numero medio di embrioni trasferiti in utero è passato da 2,3 nel 2005 (prima della modifica della legge) a 1,3 nel 2022 e la percentuale di parti multipli è scesa dal 23,2% del 2005 al 5,9% del 2022.

Le critiche alla legge, talvolta feroci, sono arrivate non solo dalle componenti più libertarie della società, che ne segnalavano il contrasto con l'articolo 3 della Costituzione che tutela l'uguaglianza dei cittadini, ma anche dal mondo biomedico, perché gravata di «irragionevolezza e incoerenza» nelle indicazioni imposte per le procedure.[4] «Oggi il mondo degli operatori chiede che la normativa sulla PMA rifletta una maggiore aderenza alle evidenze scientifiche», si legge per esempio nel testo della proposta di revisione totale della legge 40 avanzata dalla SIRU, la Società italiana della riproduzione umana.

Ma nei vent'anni di applicazione della legge gli interventi e le modifiche che si sono resi necessari sono stati davvero tanti, a opera anche di singoli Tribunali cui le coppie o il personale sanitario si sono rivolti per risolvere o arginare disposizioni che si dimostravano discriminatorie.[5] E alla fine il Ministero della Salute ha emanato un aggiornamento delle linee guida che recepisce tutti questi interventi.

Quello che continua a mancare, sottolinea la SIRU, è una visione d'insieme che renda lo spirito, e non soltanto la lettera, della legge conforme alla Costituzione, e che includa il concetto di salute riproduttiva, intesa come prevenzione e tutela della fertilità.

Procreazione disuguale

Il 1° aprile 2024 la PMA sarebbe dovuta entrare a far parte dei LEA, i livelli essenziali di assistenza che definiscono le prestazioni garantite a tutte le persone che si trovano nel nostro paese dal Servizio sanitario nazionale. Un risultato importante: «Con i LEA abbiamo ottenuto la legittimazione delle cure, che diventano un diritto per tutte le coppie che ne hanno la necessità», commentava il ginecologo Antonino Guglielmino, fondatore della SIRU, la Società italiana della riproduzione umana.[6] E, in effetti, si tratta sia del riconoscimento di quelle tecniche che finora sono state viste, almeno da una parte della società, come qualcosa da tollerare più che da promuovere, sia dell'aprirsi alla speranza di farsi una famiglia per tutte quelle coppie che avevano dovuto rinunciare perché non disponevano delle migliaia di euro necessarie per affrontare un percorso nelle strutture private (dai 3500 ai 10 000 euro per ogni ciclo, a seconda che fosse omologo o eterologo). Ma, come per un pesce d'aprile, l'ingresso nei LEA non c'è stato ed è stato rinviato al 2025.

Anche quando l'introduzione nei LEA sia cosa fatta, questo ancora non significa che la procreazione sarà un diritto garantito per tutti alla stessa maniera, anche senza ricordare che ne sono esclusi single e coppie omogenitoriali. La crisi complessiva del servizio sanitario italiano degli ultimi anni si intreccia infatti con una realtà per cui le strutture private sono cresciute in misura ben maggiore di quelle pubbliche. E sono cresciute in modo diseguale tra regione e regione, Nord e Sud del paese, con liste di attesa di anni nelle poche strutture pubbliche, e coppie che danno fondo a tutti i propri risparmi per pagarsi i cicli, cioè i tentativi necessari, se decidono di ricorrere al privato. In quello che è stato finora un campo sostanzialmente libero la variabilità dei costi è davvero ampia; in Lombardia, per esempio, per un ciclo di FIVET omologa si paga un ticket di circa 35 euro, in Toscana un ticket di 500 euro, mentre in Sicilia, dove finora non era previsto alcun rimborso, la stessa prestazione pesava per intero sulla coppia, intorno ai 3000 euro.

Certo, l'introduzione della PMA nei LEA dovrebbe livellare queste differenze, ma ci vorrà del tempo, e soprattutto quando la forbice delle prestazioni tra pubblico e privato è troppo ampia già si sa che la copertura dei costi non sarà sufficiente. In altre parole, le Regioni che non saranno in grado di integrare le risorse necessarie dovranno comunque chiedere ai propri cittadini di pagare un ticket.

L'altra grande variabile riguarda i tempi di attesa, troppo spesso esagerati: tra le prime difficoltà a concepire e una vera diagnosi di infertilità possono passare anche tre-quattro anni, un periodo lunghissimo se si pensa quanto l'età della donna sia determinante per il successo del percorso. E l'approdo della PMA nei LEA non potrà risolvere immediatamente neanche questo aspetto, perché la differenza tra il numero dei centri pubblici o convenzionati e quelli privati è abissale e la prospettiva delle liste d'attesa dietro l'angolo.

Difficile comunque avere idea di che cosa copra l'offerta rispetto alla domanda, perché quest'ultima non la si conosce. Possiamo sapere quante coppie intraprendono il percorso, ma non quante lo chiedono e soprattutto quante lo vorrebbero chiedere. Quello che sembra emergere, però, è che il numero di coppie che si rivolgono alla tecnologia per avere un figlio o una figlia sia in costante aumento (per motivi che vedremo meglio). In futuro ci potrebbe essere, perciò, una qualche forma di limitazione di quello che viene garantito dal servizio sanitario.

In Francia, per esempio, il sistema pubblico finanzia un massimo di 4 cicli per le tecniche di fecondazione in vitro, più semplici e di successo più consolidato, e un massimo di 6 cicli per quelle di maggiore complessità.

Così, proprio quando la PMA poteva dire di aver sfondato il muro della diffidenza, e soprattutto la cultura della salute riproduttiva di aver ottenuto il riconoscimento che le spetta, le difficoltà del garantire le medesime prestazioni a tutte e tutti potrebbero riaffermare con prepotenza destini di diseguaglianza. Una diseguaglianza che è fatta anche di scelte molto diverse delle donne e delle coppie nel decidere se e quando dare alla luce un bambino o una bambina.

IL FILM. *La fatica del riuscire a concepire*

Private Life, regia di Tamara Jenkins, con Kathryn Hahn, Paul Giamatti, Emily Robinson, Kayli Carter, Francesca Root-Dodson. USA, 2018.

È una commedia sull'infertilità che approfondisce i concetti fondamentali della fecondazione in vitro, della donazione di ovociti e dell'adozione, mostrando quanto davvero sia uno sforzo lungo, difficile, faticoso e solitario. La storia di una coppia di mezza età di New York che lotta per concepire risulta autentica, ispirata alle esperienze personali della scrittrice e regista Tamara Jenkins. È uno sguardo intimo e risoluto sul dolore e sull'angoscia dell'infertilità, profondamente compassionevole e a volte divertente. Ma la regista comunica allo spettatore, attraverso la costruzione di sequenze che scavano nei personaggi e nelle loro relazioni fatte anche di silenzi, che la nascita, il parto, la costruzione di una vita e di una famiglia non sono solo processi biologici, ma anche compiti sociali e culturali che spettano a tutti i coinvolti, non solo ai genitori. Il percorso della fecondazione medicalmente assistita è il tracciante del racconto, ma sono i temi della maternità, del rapporto di coppia, delle domande universali, intime, private, quelli su cui Tamara Jenkins invita lo spettatore a riflettere.

3.
L'ananas sulla pizza

«La Chiesa, altresì, prende posizione contro la pratica della maternità surrogata, attraverso la quale il bambino, immensamente degno, diventa un mero oggetto», si legge al punto 48 della dichiarazione del Dicastero per la dottrina della fede, *Dichiarazione Dignitas infinita circa la dignità umana*, resa pubblica l'8 aprile 2024.[1] Non si può dire che la Chiesa cattolica entri in punta di piedi nella discussione pubblica sulla gravidanza per altre persone. Di certo non è una sorpresa.

Il documento cita direttamente papa Francesco:

> la via della pace esige il rispetto della vita, di ogni vita umana, a partire da quella del nascituro nel grembo della madre, che non può essere soppressa, né diventare oggetto di mercimonio. Al riguardo, ritengo deprecabile la pratica della cosiddetta maternità surrogata, che lede gravemente la dignità della donna e del figlio. Essa è fondata sullo sfruttamento di una situazione di necessità materiale della madre. Un bambino è sempre un dono e mai l'oggetto di un contratto. Auspico, pertanto, un impegno della Comunità internazionale per proibire a livello universale tale pratica.

Il successivo punto sviluppa ulteriormente il concetto:

La pratica della maternità surrogata viola, innanzitutto, la dignità del bambino. Ogni bambino dal momento del concepimento [...] possiede infatti una dignità intangibile [...]. Il bambino ha perciò il diritto, in virtù della sua inalienabile dignità, di avere *un'origine pienamente umana* e *non artificialmente indotta*, e di ricevere il dono di una vita che manifesti, nello stesso tempo, la dignità di chi dona e di chi riceve (i corsivi sono di chi scrive).

Il punto 50 completa il trittico:

La pratica della maternità surrogata viola, nel medesimo tempo, la dignità della donna stessa che a essa è costretta o *decide liberamente* di assoggettarvisi. Con tale pratica, la donna si distacca dal figlio che cresce in lei e diventa un semplice mezzo asservito al guadagno o al desiderio arbitrario di altri. Questo contrasta in ogni modo con la dignità fondamentale di ogni essere umano e il suo diritto di venire sempre riconosciuto per se stesso e mai come strumento per altro.

Un concentrato di affermazioni fortissime che, là dove si parla di «un'origine pienamente umana e non artificialmente indotta», escludono nei fatti ben più della gravidanza per altre persone, ma tutta la procreazione medicalmente assistita (l'unica procedura, tuttavia, non citata esplicitamente nel documento).

Papa Francesco ci ha abituato a quelli che sembrano significativi passi avanti sui temi etici, contraddetti tuttavia da bruschi passi indietro, ma questo documento, come tutte le prese di posizione ufficiali, è ponderato parola per parola. Nell'introduzione si legge:

L'elaborazione del testo, protrattasi per cinque anni, permette di capire che ci si trova di fronte a un documento che, per la serietà e la centralità della questione della dignità nel pensiero cristiano, ha avuto bisogno di un notevole processo di maturazione per arrivare alla stesura definitiva che oggi pubblichiamo.

Cinque anni di lavoro, dunque, spesi per riconfermare in toto l'approccio di condanna a priori che la Chiesa cattolica mantiene da sempre sui temi sfidanti della bioetica: aborto, eutanasia, suicidio volontario e, per l'appunto, procreazione medicalmente assistita e gravidanza per altre persone.

Quello che cambia è solo il tono delle riserve: non più severi divieti, ma il richiamo al rispetto di una dignità «intangibile», che governa tutto. «La Chiesa, alla luce della Rivelazione, ribadisce e conferma in modo assoluto questa dignità ontologica della persona umana, creata a immagine e somiglianza di Dio e redenta in Cristo Gesù».

Commenta il filosofo Gianfranco Pellegrino:

> La dichiarazione sulla dignità umana pubblicata dal Dicastero per la dottrina della fede è piena di «no»: no all'aborto, no alla GPA, che deve anzi essere resa reato universale, no all'eutanasia, no alla cosiddetta teoria del gender (qualsiasi cosa essa sia), no al cambio di sesso, con qualche cauta apertura per chi abbia «anomalie dei genitali già evidenti alla nascita o che si sviluppino successivamente». Tutte queste posizioni vengono presentate come conclusioni derivate da una sola premessa: gli esseri umani sono creati da Dio a sua immagine e somiglianza, e da ciò deriva la loro dignità assoluta e incondizionata.[2]

Insomma, una posizione lineare e inappellabile, tutto sommato sintetica, per quanto il documento la sviluppi per decine di pagine (chi voglia leggerlo per intero sappia che esiste in sette lingue diverse, consultabile online, ma disponibile anche su Amazon, al modico prezzo di 3,70 euro).

Rifiutarsi di guardare nel telescopio

«Io non mi sono mai, in tutta la mia vita, sentita un "prodotto", questa è la parola che più mi ha fatto soffrire, che più mi ha fatto arrabbiare». Lia Giartosio Goretti, diciotto anni appena compiuti quando confida al pubblico questa convinta testimonianza, è nata grazie a un percorso di gravidanza per altri ed è felicemente parte di una famiglia con due padri e un fratello, a sua volta figlio di GPA. Lia è intervenuta ai lavori dell'incontro «Famiglie e diritti universali. Libertà e autodeterminazione nei percorsi di gravidanza per altre e altri», organizzato dalle associazioni Luca Coscioni e Famiglie arcobaleno il 5 aprile 2024, solo tre giorni prima della presentazione della *Dignitas infinita*.[3] E c'è una bella distanza di sentire e di vissuto tra il racconto di questa giovane donna, che l'esperienza di diversità ha forse reso solo più consapevole e più determinata delle coetanee, e le parole di condanna contenute nella dichiarazione vaticana.[4] Un testo che alle persone coinvolte nella GPA non offre mai l'opzione di un ascolto, troppo forte di certezze che arrivano direttamente da Dio.

Certamente non ha senso discutere le prese di posizione di una Chiesa nel loro contenuto di fede, è bene tuttavia essere consapevoli che di questo si tratta. «La pratica della cosiddetta maternità surrogata lede gravemente la dignità della donna e del figlio» è un'affermazione forte che ha incontrato l'opinione favorevole non solo delle componenti più conservatrici della società, ma talvolta anche di esponenti degli schieramenti opposti, soprattutto in alcune appartenenze femministe. Tuttavia bisogna valutarla per quella che è: un'affermazione di principio, a cui ovviamente ogni persona è libera di aderire se ci si riconosce, ma non si tratta di «verità»; è il punto di vista della Chiesa cattolica. In questo, forse, l'affermazione più stridente di tutte è che la donna disposta a portare avanti una gravidanza per altre persone sacrifichi la propria dignità sia se lo fa perché *costretta*, sia se «decide liberamente di assoggettarvisi». Il fatto di escludere dall'orizzonte la possibilità di una GPA solidale facilita una presa di posizione così estrema, che si traduce in un sussulto di paternalismo che stronca qualsiasi autodeterminazione della donna.

Chiesa cattolica e mondo conservatore ovviamente si incontrano su questo, affermando che le donne, incapaci di tutelarsi da sé, devono essere protette da loro stesse e quindi salvate da leggi «universali».

Forse non deve stupire che la visione della Chiesa cattolica sulla bioetica, per quanto sollecitata, non riesca in fin dei conti a evolvere i propri principi, continuando a ignorare le trasformazioni della società in cui viviamo, sia nell'evoluzione tecnologica, sia nei desideri e nelle pratiche della gente.

Ieri come oggi gli uomini della Chiesa e gli esponenti politici che condannano a priori senza ascolto e senza verifica sono come i cardinali del *Galileo* di Bertolt Brecht: si rifiutano di guardare dentro il telescopio.

Un approccio laico nelle persone di fede

Può aiutare a mettere a fuoco quanto la posizione della Chiesa cattolica sia solo un punto di vista il percorso fatto dalle Chiese evangeliche italiane, che ad agosto 2023 hanno rilasciato un documento messo a punto dalla Commissione di studio delle Chiese battiste, metodiste e valdesi in Italia per i problemi etici posti dalla scienza: *La gestazione per altri, una prospettiva etico-teologica*.[5]

Un testo che merita di essere letto per intero (sono solo una decina di pagine), per il metodo oltre che per i contenuti:

> Essere genitori appartiene oggi a un'area di esperienza in cui l'intervento della medicina e i cambiamenti sociali e culturali hanno provocato cambiamenti molto profondi. La definizione tradizionale e più consueta di genitorialità – riferita alla procreazione della coppia eterosessuale, giuridicamente sposata (talvolta con riconoscimento di tipo religioso), che genera figli attraverso il rapporto sessuale e la gravidanza – è *ormai insufficiente a ricomprendere i diversi modelli di famiglia* resi possibili dall'avanzamento tecnologico e ritenuti accettabili in molti paesi dal punto di vista culturale sociale e giuridico (di nuovo i corsivi sono di chi scrive).

Esordisce così il testo e si respira subito un'altra aria, un radicamento nel mondo contemporaneo, un modo di procedere simile a quello laico, espresso tuttavia da persone di fede.

E per poter riflettere e discutere il tema della gravidanza per altre persone, per prima cosa il documento fa piazza pulita dell'orribile espressione «utero in affitto», perché fa riferimento a un organo dell'apparato riproduttivo femminile associandolo a un termine commerciale. Questa espressione risulta immediatamente svalutativa, degradando la gestante a una funzione fisiologica legata alla sua anatomia.

Il documento esclude anche l'altrettanto fuorviante dicitura «maternità surrogata», che ci arriva come traduzione dall'inglese *surrogacy*, dove ha un'altra intensità, e che contribuisce a mantenere la confusione su chi sia la «vera» madre del bambino o della bambina in arrivo. Inoltre, «si avverte anche in questa espressione un accento svalutativo basato sull'assunto non esplicitato che la gravidanza sia di per sé già sempre e comunque *maternità*». Il documento delle Chiese evangeliche adotta quindi la definizione «gestazione per altri» per almeno tre motivi: la precisione del termine, che circoscrive il discorso alla gravidanza e non si estende al campo della maternità, molto più ampio e non esclusivamente biologico; la neutralità del termine, che non fa necessariamente riferimento a eventuali utilizzi a scopo di lucro; e l'uso che se ne fa nella letteratura medica e scientifica italiana.

La gestante per altri è riconosciuta per quella che è: una donna che porta avanti una gravidanza in cui la fecondazione o il concepimento sono avvenuti attraverso tecniche di procreazione medicalmente assistita. Mentre chi verrà al mondo è considerato (contrattualmente nei paesi dove questo è previsto, e attraverso altri strumenti giuridici altrove) figlio o figlia di una coppia di persone (o di una singola persona) chiamate «genitori intenzionali». All'embrione si arriva attraverso i gameti offerti dai genitori intenzionali o da donatori esterni alla coppia. Infatti solo raramente, oggi, la gestante per altri è anche la donatrice dell'ovulo che viene fecondato con lo sperma del padre intenzionale o di un donatore, perché in questo caso avrebbe un rapporto genetico, oltre che gestazionale, con il feto, rendendo la situazione giuridicamente più complessa.

Messi sul tavolo gli elementi tecnici e scientifici, il documento delle Chiese evangeliche si sviluppa esaminando gli aspetti clinici e discutendo dei rischi della procedura, quando esistono e sono misurabili, per arrivare al quesito cruciale:

> Ritenendo che in ambito sociale la libertà debba avere la precedenza sul divieto e che a chi intende vietare una pratica spetti l'onere di dimostrarne l'illegittimità, ci poniamo in via preliminare la seguente domanda: vi sono fondate ragioni per ritenere la GPA intrinsecamente inaccettabile dal punto di vista morale? Vi sono ragioni per ritenere che essa sia un atto degradante, che viola sempre e comunque la dignità umana di coloro che lo realizzano, a prescindere dalle loro motivazioni e dalle conseguenze positive o negative che può produrre?[6]

La risposta è no. Ricordiamolo, questo documento è frutto del lavoro di una Commissione ecclesiale che riflette sugli aspetti etici sollevati dalla scienza, perciò non esprime un parere scientifico o legislativo, ma per l'appunto etico e morale, esattamente come la *Dichiarazione* vaticana. Da questo punto di vista rimane un documento tecnico, che offre un parere su cui il Sinodo evangelico (nel momento in cui scrivo) non si è ancora pronunciato.

Ciò detto, il documento apre alla GPA altruistica e solidale, con una presa di posizione assolutamente chiara:

riteniamo che in specifiche e determinate circostanze, e nella sua forma oblativa, la GPA possa configurarsi come un atto solidaristico compatibile con un'etica laica, ma anche non necessariamente in contrasto con la fede cristiana.

Per completezza va segnalato che il documento mette comunque in guardia ed esorta ad andare a fondo delle indagini sulle condizioni in cui si realizza la GPA nella forma commerciale, in modo da escludere ogni possibile sfruttamento:

Se da un punto di vista etico si può guardare con ottimismo alle possibilità che la biotecnologia ci mette a disposizione, lo sguardo teologico suggerisce di verificare se mettere in atto questa possibilità non comporti un prezzo imposto ad altri che una remunerazione pecuniaria potrebbe non compensare realmente.[7]

Insomma, se da un punto di vista etico non si rintracciano motivi per escludere sempre e comunque la gravidanza per altre persone, né per bollarla di ignominia, il ruolo teologico rivendica per sé una sollecitudine verso le persone a supporto e non a divieto delle loro scelte.

Infine la Commissione ammette di non essere arrivata all'unanimità di vedute in merito alla forma commerciale della GPA, cioè se riconoscerle o meno, una volta normata correttamente al fine di escludere qualsiasi abuso, la patente di condotta eticamente accettabile:

Questa differenza di pareri riflette del resto la pluralità di posizioni presenti all'interno della società civile, a dimostrazione del fatto che la disputa tra i fautori e gli avversari della GPA non è necessariamente una disputa che divide i credenti dai non credenti.[8]

E certamente, se guardiamo ai vari comitati etici italiani, troviamo posizioni opposte. Se infatti il Comitato nazionale di bioetica (con distinguo e pareri di minoranza)[9] esprime un parere contrario a qualsiasi forma di gestazione per altri, sul fronte opposto si schiera il Comitato etico della Fondazione Umberto Veronesi. Già nel 2015 la Fondazione aveva rilasciato un documento che considera lecita la gravidanza per altre persone anche nella forma oblativa, in virtù dell'autodeterminazione della donna di poter disporre in piena coscienza del proprio corpo.[10]

La mozione pubblicata dal Comitato nazionale di bioetica risale invece al 2016 e in seguito, a quanto sembra, il Comitato non ha sentito la necessità di intervenire ulteriormente, anche se nel momento in cui scrivo corre voce che un nuovo parere sarà rilasciato a breve.

Il mito della famiglia naturale

«Contro natura è solo l'ananas sulla pizza», lo slogan campeggia sul cartello di un partecipante a uno dei tanti pride che si svolgono ormai puntuali tra giugno e luglio. È una boutade, un colpo di genio, oppure una provocazione per quelle persone che organizzano le proprie credenze e i propri valori intorno a quella che ritengono una certezza inamovibile: la famiglia naturale.

Nella discussione pubblica sulla gravidanza per altre persone, infatti, accanto al tema della dignità compromessa della donna e delle nuove vite, un altro argomento ricorrente riguarda il fatto che sia una pratica artificiale. E quindi, in virtù di questo, condannabile. Sappiamo che l'evoluzione delle tecniche ha reso possibile, ormai da una trentina d'anni, questo percorso «artificiale»; altrettanto artificiali sono i trapianti d'organo o la sostituzione delle valvole aortiche, per esempio. O anche il ponte sullo stretto di Messina... Infatti, artificiale non significa contro natura. È anzi ormai diventata un po' stucchevole la contrapposizione tra artificiale e naturale, e l'argomento offerto nella discussione pubblica contro la GPA risulta estremamente debole. Riflette lo scrittore Jonathan Bazzi:

> Si fa appello al fatto che la GPA sarebbe contro natura, quando sappiamo bene che sistematicamente interveniamo contro la natura, quando questa produce malattia o violenza, squilibri di genere, anagrafici o di moltissimi altri tipi. La natura è spesso matrigna, e la legge, la medicina, la scienza hanno da sempre lo scopo di umanizzare il rapporto tra le persone e il mondo.[11]

In nome di questa adesione all'unicità del processo naturale per dare origine a una famiglia, c'è chi propone in alternativa il trapianto di utero, cioè una procedura che prevede una donatrice (per lo più in vita), due drammatici interventi chirurgici di espianto e impianto, una grossa assunzione di farmaci da parte della donna ricevente con relativi profili di rischio per madre e bambino, e infine un ulteriore espianto dell'organo dopo il parto, per evitare che la donna che ha tentato e (speriamo) portato a termine la gravidanza debba continuare per tutta la vita a ricevere una terapia immunosoppressiva. Il tutto a fronte di successi in termini di bambini nati vivi ancora molto limitati. La ricerca in questo campo è attiva in diversi paesi e non si può escludere che nel tempo il trapianto di utero diventi un percorso proponibile, ma è piuttosto difficile considerarlo come più naturale di una gravidanza per altre persone.[12]

> Tantissimi parlano di questa procedura medica (prevista e rimborsata in alcuni sistemi sanitari nazionali esteri e proposta dai ginecologi dei paesi nei quali è legale come una delle opzioni di genitorialità per le donne affette da problemi di salute riproduttiva) come di una procedura «contro natura», adducendo proprie credenze o retaggi ideologici e culturali non suffragati da alcuna evidenza scientifica,

conferma in un lungo e documentato contributo Marcello Pili, specialista in cardiologia e presidente dell'Associazione italiana Genitori di Ragazze con Sindrome di Rokitansky (le donne prive di utero).[13]

Insomma, se la GPA è il risultato dell'evoluzione delle biotecnologie della riproduzione, naturali o non naturali che siano, la sensibilità intorno a questo tema ci porta dritti a un altro aspetto controverso, quello della famiglia. La discussione intorno alla gravidanza per altre persone, infatti, ha riportato al centro del dibattito pubblico una domanda che almeno da centocinquant'anni divide scuole di pensiero e correnti ideologiche: che cos'è la famiglia?

Così argomenta il filosofo Mariano Croce:

> Da una parte, c'è chi ritiene che si tratti di una pratica vecchia come il mondo, fondata sull'unione generativa di un

uomo e una donna, per tramite della quale l'umanità può perpetuarsi. Costoro credono che la legge debba tutelare una pratica tanto risalente, anche a costo di limitare forme alternative di costruire legami. Dall'altra, c'è invece chi ritiene che la procreazione c'entri poco, perché chi si ama si sceglie e costruisce la propria famiglia senza passare per l'unione tra persone di sesso opposto.[14]

Centocinquant'anni di discussione... non pretendiamo di ricostruirli, ma proviamo a mettere a fuoco alcuni punti da inserire nel dibattito. Il primo è che l'insistere sulla famiglia monogamica e sui legami di sangue è un atteggiamento molto più recente di quanto comunemente si creda, e soprattutto è un'ossessione confinata alla cultura europea e americana.

L'origine di questa fissazione in qualche modo ha una data e un contesto, confermati da una serie di ricerche molto solide della storia culturale e dell'antropologia sociale. Spiega Croce:

> L'argomento centrale di tali ricerche può sintetizzarsi come segue: una portentosa intuizione di quattro eminenti studiosi cambiò radicalmente il modo di concepire la famiglia e il suo ruolo nella società. In pieno diciannovesimo secolo, per vie parallele e per larghi tratti diverse, Johann Bachofen, Henry Sumner Maine, John Ferguson McLennan e Lewis Henry Morgan avanzarono una tesi rivoluzionaria, che oggi è divenuta nozione comune: le società umane, in ogni spazio e tempo, si fondano sulla cellula primaria della famiglia nucleare, costituita da un padre, una madre e la loro prole.

Se l'intento dei quattro studiosi era soprattutto spiegare l'evoluzione storica delle varie società umane, gli effetti sono stati molto più ampi, tanto che, in assenza di motivi (personali o di studio) che possano stimolare una riflessione priva di pregiudizi, il modello della famiglia nucleare è quello considerato «naturale» dalla maggioranza delle persone. Anzi, è talmente forte quel modello che lo ritroviamo nell'art. 29 della Costituzione italiana: «La Repubblica riconosce i diritti della famiglia come società naturale fondata sul matrimonio».

E tuttavia il vasto campo di ricerca degli studi sulla parentela è andato accumulando prove del fatto che la famiglia composta da un uomo, una donna e i loro figli è solo una delle molteplici forme che può assumere l'istituzione matrimoniale. Anzi, in tantissimi gruppi umani la famiglia nucleare, semplicemente, non esiste.

«La sola famiglia è quella fatta da un uomo e una donna», rivendicano invece coloro che non sopportano l'idea della pluralità delle organizzazioni familiari umane e riaffermano, prepotenti, che ogni bambino ha diritto di crescere in una famiglia (naturale). Il pilastro fondante di queste convinzioni è la procreazione «classica» (e ne ritroviamo l'eco non solo nelle affermazioni della Chiesa, ma anche nelle leggi), ecco perché la riproduzione effettuata attraverso la GPA risulta per alcuni tanto sconvolgente.

Sostiene l'antropologo Vincenzo Matera, a smentire le affermazioni più retrive:

> Per molto tempo gli stessi antropologi sono rimasti intrappolati in questa evidenza, difficile da scalfire, e hanno sostenuto che la «vera parentela» è quella che viene stabilita a partire dalla nascita, nonostante gli studi empirici attestassero che in molti gruppi umani in molti luoghi si attribuisse lo status di parenti a persone con le quali non sussisteva alcuna relazione biologica. Tuttavia, alla lunga è poi emerso in

modo molto netto che qualsiasi relazione di parentela – persino quella, udite, udite, genitoriale – può essere costruita anche dopo la nascita, attraverso azioni o procedure simboliche appropriate culturalmente.[15]

E Croce sancisce:

Negli anni settanta del Novecento la conclusione piuttosto risoluta di David M. Schneider, antropologo statunitense che seppe imprimere una svolta senza precedenti a questo ambito di ricerca, fu che la famiglia fondata sul sangue è una caratteristica per molti versi unica della cultura euro-americana, che trova pochi paralleli nelle altre culture del pianeta.

In effetti, anche quando in passato i legami di sangue avevano molto più peso, questo avveniva principalmente per dividere la società in classi e consentire a chi si trovava ai vertici, come nobili e reali, di mantenere il controllo sul patrimonio e sul potere politico.

La famiglia cosiddetta naturale è quindi l'espressione di un contesto storico e sociale, e il modo in cui si è imposta, e continua a farlo, è il frutto di quello che si potrebbe definire imperialismo culturale. Certamente, gli argomenti che porta contro la gravidanza per altre persone sono argomenti spuntati e che cominciano a mostrarsi tali.

«Ogni volta che si usa l'espressione "famiglia naturale", un antropologo muore fra atroci sofferenze», commentava con arguzia la giovane palermitana Veruska Alovna in un post su Facebook diventato subito virale.

Maternità, no grazie

«Durante tutta la gravidanza ho parlato con il bambino, è importantissimo, ma gli ho parlato di sua madre, della sua sorellina, di suo padre».

«Non provavo istinto materno, ma devo anche ammettere che non lo provavo nemmeno durante le mie altre due gravidanze, di cui una di due gemelli».

«Siamo rimasti in contatto a distanza, perfetto per quello di cui ho bisogno: né troppo né troppo poco, qualcosa nel mezzo va bene».

Sono alcune delle testimonianze raccolte dallo psicologo sociale Mariano Beltran, dell'Università autonoma di Barcellona, che ha intervistato gestanti per altre persone in Ucraina, Messico, Stati Uniti e Canada, evidenziando i vissuti e le diverse motivazioni alla base della loro scelta, motivazioni legate alla cultura di appartenenza, oltre che alle diverse personalità.[16]

Quelle donne che non dovrebbero esistere, quelle a cui finora, in Italia, si è negata la parola, cominciano a comparire, a diventare persone con le loro storie e il loro modo di guardare il mondo. A onore del vero già nel 2017 la giornalista Serena Marchi le aveva incontrate, ascoltate e raccontate in un bel libro, indagando le motivazioni delle donne che impegnano il loro utero e una parte della loro vita per partorire figli e figlie di altre persone.[17] E i motivi sono i più diversi: i soldi, l'altruismo, il senso di responsabilità, l'amicizia, l'amore.

Un'attenzione non solo italiana se il quotidiano «Haaretz», nel pieno del dramma del conflitto con i palestinesi, ha dedicato un servizio alle donne israeliane disposte a condurre una gravidanza per altre persone, presentandole così:

> una fa la programmatrice informatica, un'altra un dottorato in sociolinguistica, una terza è preside di una scuola, la quarta fa l'avvocata. Sono sposate, istruite e non interessate ai soldi, il loro profilo è cambiato radicalmente negli ultimi dieci anni.[18]

Di certo una cosa accomuna queste testimonianze, cioè che nemmeno l'idea di maternità è quell'assoluto che ci viene proposto, in consonanza con l'idea della famiglia nucleare come fondamento del convivere sociale.

«Sono state le lotte femministe del secolo scorso a costringere la società a ripensare la maternità fino a definire madre solo quella che accetta di esserlo, trasformando in scelta individuale quello che era un destino collettivo» scrive Michela Murgia nel suo libro uscito postumo.[19]

Con la sua consueta lucidità, Murgia coglie l'aspetto cruciale della maternità, quello della scelta e non della biologia. Soprattutto, rifiuta la condanna a un destino determinato dal cosiddetto istinto materno, arbitro del successo sociale di una donna. Quell'istinto che dovrebbe essere egualmente condiviso da tutte le donne, e che invece si sta rivelando un'attitudine molto variabile e, certamente, non una loro prerogativa esclusiva, facendo finalmente comparire sulla scena anche i padri.

Sono soprattutto le neuroscienze e gli studi sulla genitorialità a far emergere in maniera prepotente l'assenza di una vera diversità tra uomini e donne nei comportamenti di cura verso bambini e bambine.[20]

Queste ricerche hanno messo in evidenza come anche nell'uomo una intimità precoce – come quella che si instaura quando un padre si prende cura del proprio neonato o neonata – provoca cambiamenti ormonali molto simili a quelli che avvengono nella madre: aumentano, per esempio, le concentrazioni di ossitocina e prolattina, cioè degli ormoni coinvolti nel processo di attaccamento e cura. Inoltre, segnala un rapporto dell'Organizzazione mondiale della sanità, i padri che partecipano all'accudimento di figli e figlie, trascorrendo con loro del tempo, arricchiscono il proprio patrimonio espressivo e comportamentale, sviluppano maggiore empatia e dichiarano di sentirsi più completi come persone.[21] Tendono anche ad adottare stili di vita sani, a vantaggio della propria salute fisica e dell'aspettativa di vita. Un benessere complessivo che non può che avere effetti benefici su tutto il gruppo familiare.

Anche i padri, insomma, sono stati finora un po' vittime di quella divisione dei ruoli che, abbiamo visto, è culturale e non naturale.

Anche dall'etologia, la disciplina che studia il comportamento animale, arrivano da tempo indicazioni sulle sostanziali somiglianze nell'agire di uomini e donne (e persone non binarie), purché gli si lasci spazio per farle emergere. Non per niente il termine «istinto» è caduto in disuso nelle scienze etologiche, perché indica qualcosa di immutabile e che non richiede autonomia e grandi capacità mentali. Invece, anche se tutti gli animali, compresi noi, hanno tendenze innate, queste richiedono quasi sempre di essere ampiamente integrate dall'esperienza e dall'apprendimento. Perciò quei cambiamenti fisici che alla nascita interessano sia la madre sia il padre non implicano affatto che l'una e l'altro sappiano da subito come comportarsi, né che l'amore verso il proprio figlio o la propria figlia si accenda subito. Insomma, l'istinto materno non è una prerogativa né della madre, né del padre, bisogna dargli modo di emergere e prosperare.

Scrivono Annina Lubbock e Barbara Vatta:

> Se alla nascita, come ci dicono gli esperti di neuroimaging, il cervello maschile e quello femminile sono indistinguibili, e se il cervello umano è fortemente plastico, è facile comprendere come l'esposizione costante e ripetuta a stimoli diversi durante la crescita, per effetto degli stereotipi di genere attivi in quel particolare contesto socio-culturale, implichi lo sviluppo di comportamenti diversificati fra maschi e femmine, oltre che di competenze e attitudini.[22]

Insomma, quell'istinto materno che dovrebbe essere totipresente in ogni donna è invece una costruzione sociale e, come tale, discutibile e variabile nel tempo e nelle persone. Le gestanti intervistate da Mariano Beltran confermano di non desiderare figli (o altri figli) propri, qualcuna afferma decisa di non sentire un istinto materno. Sono persone vere, realtà con cui bisogna decidersi a fare i conti. Scriveva il grande primatologo Frans de Waal nel suo ultimo libro:

> Le strutture sociali, qualche volta, sono più rigide della biologia che le supporta. Anche se è sempre poco saggio ignorare la biologia, non possiamo neppure semplificare troppo attribuendole la responsabilità dei ruoli sociali. Ciò che oggi sappiamo del comportamento animale e di quello umano indica l'esistenza di una gran varietà di risposte, più flessibili di quanto spesso si creda.[23]

Come dire che quello che la biologia ci sta insegnando è esattamente l'opposto delle convinzioni radicate dei gruppi che osteggiano la gravidanza per altre persone per partito preso.

IL FILM. *Le famiglie disfunzionali sono ovunque*

The quiet girl, regia di Colm Bairéad, con Catherine Clinch, Carrie Crowley, Andrew Bennett, Michael Patrick Carmody. Irlanda 2023.

Cáit è una bambina di nove anni che cresce in una famiglia di contadini impoveriti. Taciturna e trasandata, non è amata dalle sorelle, dal padre che sembra disprezzarla e dalla madre che si occupa del fratellino e di un nuovo bambino in arrivo. Con il sopraggiungere dell'estate e il termine della gravidanza della madre, Cáit viene mandata dai Kinsella, coppia senza figli che si è offerta di badare a lei. Accolta con affetto, la bambina lega con Eibhlín, donna dolce e premurosa che le offre stimoli e attenzione e Cáit comincia a fiorire, scoprendosi velocissima a correre, imparando ad avere rispetto per se stessa, e trovando anche il modo di comunicare con Seán, il marito di Eibhlín. Prima di tornare a casa conoscerà il segreto dei Kinsella e stringerà un legame ancora più forte con le uniche persone che hanno saputo amarla, trasformandone la vita.

Primo intermezzo
Lo sguardo antropologico

Rossella Anitori e Darel Iaffaldano Di Gregorio, una coppia unita dagli studi di antropologia e dalla voglia di raccontare attraverso le immagini, ci aiutano a mettere a fuoco le esperienze di persone che hanno affrontato un percorso di GPA *in Grecia, Inghilterra e Italia. «Surrogacy underground», il documentario che hanno realizzato, si può vedere sulle principali piattaforme.*

ROSSELLA

Mi chiamo Rossella Anitori e sono un'antropologa e una giornalista. Ho lavorato circa una decina d'anni nel mondo del giornalismo, scrivendo per diverse testate. Poi ho conosciuto Darel, con cui condivido il background antropologico, e abbiamo deciso di fondare un'etichetta di produzione per la creazione di contenuti audiovisivi, unendo l'antropologia al giornalismo.

A muoverci è il sentimento per i temi che ci appassionano di più, per esempio il nostro film *Surrogacy underground*, sulla gestazione per altri, nasce da una riflessione sulla genitorialità. A quel tempo non avevamo figli (nel frattempo ne abbiamo avuta una che adesso ha tre anni) e possiamo dire che questa riflessione si è fatta spazio concretamente nelle nostre vite mentre portavamo avanti quel lavoro. Da un lato certamente ci premeva riflettere sulla genitorialità, dall'altro c'era anche la reazione a un discorso fatto di categorie che non riescono a raccontare il fenomeno, piene di stereotipi, un discorso che farebbe rabbrividire qualunque antropologo. L'antropologia ci insegna che le famiglie, i rapporti di filiazione, sono delle entità che passano per un riconoscimento sociale, che varia nel tempo, che non ci sono forme fisse e immutabili che legano genitori e figli e figlie tra loro, che la madre e il padre spesso non corrispondono a coloro che biologicamente hanno messo al mondo un bambino o una bambina.

Ci siamo resi conto che questo nostro background, questa nostra maniera di rapportarci al tempo in cui viviamo, non riusciva a rispecchiarsi nella realtà, perché poi la realtà è fatta di dichiarazioni altisonanti, giudizi, leggi, disegni di legge che vanno nella direzione completamente opposta, quindi abbiamo deciso di metterci in gioco, di riflettere su questo tema in maniera analitica. Abbiamo fatto precedere la creazione del nostro documentario da due anni di intensa ricerca antropologica, abbiamo letto libri, etnografie che raccontavano di realtà anche molto lontane dalla nostra. Parlo di quelle più famose, quelle a cui ci si riferisce in senso negativo, etnografie che raccontano, per esempio, un'India di giovani madri che vengono obbligate ad accettare dei contratti di GPA. Anche noi leggendo quei racconti all'inizio siamo rimasti impressionati, perché l'etnografia è uno strumento potentissimo che dà voce ai testimoni: tu leggi le loro parole e ti rendi conto della violenza che è stata compiuta sui loro corpi.

Quindi noi inizialmente eravamo mossi anche da un senso di mancata giustizia, che in alcuni luoghi del mondo accompagna questa pratica. Poi andando avanti con lo studio ci siamo resi conto che quella era solo una parte del racconto.

Come sempre, la realtà è molto più complessa e quindi bastava cambiare latitudine e cornice legale per trovarsi di fronte a un fenomeno completamente diverso, incontrando donne che si autodeterminavano, facendo la scelta che ritenevano opportuno fare. Ci siamo resi conto che la maternità non è intesa nello stesso modo in tutte le culture e soprattutto non è intesa nello stesso modo da tutte le donne, c'è una prospettiva personale, psicologica, che si sovrappone a una prospettiva culturale e sociale.

Nel nostro viaggio abbiamo conosciuto gli interpreti di queste storie e con il nostro film abbiamo voluto creare uno spazio sacro in cui si potesse ascoltare la loro voce, le loro storie, e senza tirare le somme a priori lasciare poi allo spettatore, a chi guarda e ascolta, la possibilità di farsi un'idea e rendersi conto che non si può avere un giudizio così netto e assoluto su una pratica che varia così tanto col variare del contesto.

DAREL

Io sono Darel Iaffaldano Di Gregorio. Abbiamo iniziato a incuriosirci e poi a riflettere su questa tematica della genitorialità già nel 2018, due anni prima che avessimo una figlia nostra, cosa che non era assolutamente nei piani e anzi in quel momento riflettevamo proprio su quanto la pressione sociale e culturale portasse più o meno tutti quanti a doversi riconoscere in un ruolo: a un certo punto bisogna figliare. Quindi, riflettendo su questo tema, ci siamo detti: da una parte c'è questa pressione, dall'altra c'è chi non riesce ad avere figli, ma grazie a un possibile intervento della tecnologia potrebbe averli.

Siamo sempre stati affascinati da questa dicotomia tra natura e cultura, ma quello che ci insegna l'antropologia è che per noi umani la nostra natura è la cultura, noi apprendiamo fin dal momento in cui nasciamo.

Così abbiamo iniziato il nostro viaggio, prima in Grecia, poi in Inghilterra, e infine abbiamo incluso anche il nostro paese, perché volevamo renderci conto di come la stessa tecnologia, la stessa pratica, la stessa possibilità di procreare oltre i limiti biologici possa generare fenomeni completamente diversi a seconda della cultura e del contesto giuridico.

Nelle situazioni di poca trasparenza e dove manca una cultura specifica possono nascere episodi di sfruttamento. Ci sono culture più aperte, come quella anglosassone dove è più facile per le donne sentirsi libere di scegliere se figliare o non figliare, e anche di vivere serenamente l'impossibilità di avere figli. Ce ne sono altre, come quella greca e quella italiana, dove sono maggiormente presenti visioni di retroguardia. In Grecia, per esempio, abbiamo conosciuto un'artigiana che realizzava pance finte in microfibra per le donne che volevano ricorrere alla GPA, per aiutarle a dissimulare ed evitare lo stigma dell'infertilità. Un clima sociale che porta a nascondere la realtà genera altri fenomeni dissonanti, per esempio per alcune donne greche voleva dire non sentirsi serene nell'offrirsi come gestanti, mentre donne di altri paesi si sentivano invitate a recarsi in Grecia per condurre una GPA per altre donne, straniere o greche. Quando poi abbiamo conosciuto i dottori greci che lavorano in questo settore, ci siamo resi conto dei limiti loro imposti dalle leggi locali.

Situazione completamente diversa in Inghilterra, che ha aperto alla GPA da trent'anni, lavorando anche sulla cultura e con una legislazione che impedisce il turismo procreativo. Perciò le persone che vivono nel Regno Unito hanno esperienza della gravidanza per altri come di una pratica sociale per una comunità: cittadini di un paese che possono rivolgersi ad altri cittadini per avere aiuto.

Questa cosa ci ha colpito tantissimo, proprio perché ci interessava il tema della genitorialità svincolata dai ruoli classici di madre-padre o della famiglia mononucleare. Pensare che lì una persona, o una coppia, che non può avere un figlio, possa dare vita a una famiglia allargata, offrendo maggiori opportunità e punti di riferimento sul mondo ai propri bambini, è una cosa che ci ha affascinato tantissimo e ci ha aiutato ad allargare il nostro punto di vista.

In effetti, negli anni precedenti, la maggior parte della documentazione che abbiamo letto in italiano, anche quella tradotta, raccontava solo storie di sfruttamento. Poi ci siamo resi conto di essere un po' le vittime dei limiti culturali del nostro paese.

ROSSELLA

Secondo me c'è un limite nella letteratura prodotta in Italia sull'argomento, perché per lo più chi si occupa di questo tema lo fa in maniera teorica; per noi antropologi è nelle cose dover fare etnografia e quindi incontrare la persona di cui si parla. Per la sociologia la ricerca può essere anche solo di tipo quantitativo oppure si può basare su fonti di seconda mano. Ma bisogna fare attenzione alle fonti, perché quando hanno a che fare con territori molto diversi tra loro per cultura, tradizioni e leggi, il rischio di produrre una rappresentazione distorta del reale è alto.

Si tratta proprio di decolonizzare un immaginario, come avviene negli studi cosiddetti decoloniali in antropologia, che cercano di restituire la parola ai protagonisti. La filosofa Gayatri Chakravorty Spivak, statunitense ma di origine bengalese, pensatrice molto poliedrica, femminista, sostiene sempre che bisogna stare attenti a non parlare al posto degli altri, soprattutto tra donne.

Quindi anziché giudicare la scelta che ha fatto quella certa donna, oppure guardarla da fuori e dire «oh poverina» e poi parlare per lei, bisogna prendersi la briga di chiedere a quella persona come si è relazionata a quel gesto, perché ha deciso di farlo, come vive la maternità...

DAREL

Eravamo partiti dal riflettere sulla genitorialità e sulla pressione da parte della società in merito all'avere bambini, poi parlando con le persone che non ci riescono ci siamo resi conto di quanto sia lunga e complessa la trafila che devono attraversare, non solo medica ma, come accade in Inghilterra, anche psicologica. Una trafila fatta di domande e di molto riflettere per prepararsi a questo evento. Quindi c'è una riflessione sulla genitorialità che spesso manca nella nostra società, in cui molte persone figliano in maniera spontanea, però inconsapevole. Insomma, ci ha colpito molto vedere quanto le persone che poi si sono affidate a un percorso di GPA avessero dedicato tempo a ragionare in maniera approfondita, a volte assai maggiore rispetto ad altri genitori più standard. Ci piacerebbe pensare che, dall'esperienza di una gravidanza per altri, quello che la società potrebbe prendere e condividere è una riflessione più ampia sul significato di avere e crescere dei figli. Forse il motivo per cui se ne parla in maniera così estrema è proprio per relegarla in un angolo del dibattito comune, perché come accade per gli argomenti difficili o giudicati socialmente pericolosi è più facile dire: «questa è una cosa contro le donne», «contro la dignità della donna», la vietiamo, punto e basta. Piuttosto che riflettere sulle politiche, sulle risorse, sulla cultura del fare figli e del crescerli.

ROSSELLA

Nel nostro documentario c'è una coppia di papà inglesi che raccontano la loro storia, e i loro due figli compaiono nel film. Poi c'è la storia di un papà greco che al contrario ha preferito non farsi riconoscere e quindi non si vede il volto, solamente le mani, e racconta la sua storia di genitore, il suo desiderio di paternità e il modo in cui ha dovuto gestire questa cosa. Di quanto sia stato importante poter contare sul gruppo delle famiglie arcobaleno in cui il bambino si è sentito a casa, riconosciuto e accolto.

DAREL

Una storia paradossale la sua, che, da greco, pur essendo la Grecia una meta ricercata per la GPA, è dovuto andare negli Stati Uniti perché in Grecia non è ammessa per gli omosessuali. Episodi come questo sono numerosi, ci si sposta dove è possibile avviare il percorso, così magari sei italiano e vivi in California, dove esiste la GPA nella forma altruistica e in quella commerciale, ma scegli comunque insieme al tuo compagno di andare a farla in Canada.

ROSSELLA

Certamente questo può generare anche un'apertura dei rapporti tra paesi diversi, per esempio casi virtuosi, reali, in cui una coppia omosessuale rimane in contatto con la gestante canadese, i bambini diventano bilingui, un viaggio una volta all'anno, si va tutti insieme in Canada o lei dal Canada viene qua...

Ma ci possono essere anche esperienze opposte, come quella dell'Ucraina, in cui anche se la GPA a pagamento è legale esiste uno stigma verso chi la pratica e quindi la necessità di tenere, se non il segreto, quantomeno la riservatezza. Insomma, una cosa è farlo in Inghilterra, dove comunque la cultura è aperta, dove c'è l'obbligo di legge della *disclosure* e i figli devono assolutamente essere messi a conoscenza della loro storia, e sei quindi in un clima culturale che può produrre famiglie allargate; se invece lo fai in una realtà in cui non c'è una cultura favorevole, ma solo il business, le cose possono essere assai diverse.

La donna italiana che compare in forma anonima nella terza parte del film, per esempio, è stata lei a voler creare un rapporto con la portatrice ucraina e l'ha dovuto porre come condizione, perché per la procedura locale la gestante si incontra una sola volta, in occasione del trasferimento dell'embrione.

DAREL

Le reazioni al film sono state varie, molte persone che lo hanno visto sono rimaste colpite, soprattutto si rendevano conto di aver subito una cattiva informazione e si aprivano all'idea che ci possa essere dell'altro. Riconoscevano di non essersi rese conto che il fenomeno è più complesso di quello che pensavano, anzi di non saperne proprio nulla, soprattutto che possono esistere anche forme virtuose.

4.
Genitori, che fatica

«Le donne italiane ricominceranno a dare la vita quando per farla venire al mondo e crescerla non sarà più necessario amputare la propria», così Michela Murgia, nelle primissime pagine del suo *Dare la vita* (appunto).[1] Drastica e incisiva come sempre, Murgia illumina la solitudine di chi negli ultimi trent'anni si è trovato ad avviare in Italia un progetto di genitorialità.

Senza una vera politica di sostegno, senza investimenti in servizi e contando sul cosiddetto welfare familiare (l'aiuto dei nonni), abbandonando soprattutto sulle spalle delle donne la scelta tra fare carriera (o comunque contribuire al bilancio familiare) e avere dei figli, questo paese ha lasciato sistematicamente andare avanti a caso la costruzione delle nuove famiglie, affidata soltanto alla buona volontà delle persone. Un paese che manca ancora di una politica di salute riproduttiva e che (finora?) più che supportare ha scoraggiato chi aveva necessità di rivolgersi alle tecniche per portare al mondo una nuova vita. Un paese che si smarrisce se deve affrontare una discussione pubblica su un uso specifico di queste tecniche. Un paese che colpevolizza le persone che ha lasciato sole se queste cercano da sole (appunto) soluzioni più o meno creative e innovative. Un paese, infine, che partecipa della tendenza globale al calo delle nascite con una intensità tra le maggiori al mondo, e la cosa non ci può stupire.

Profilo dell'inverno demografico

Secondo l'ultimo rapporto ISTAT disponibile, uscito nell'autunno 2023 e relativo ai dati dell'anno precedente, il calo della natalità non incontra segnali di inversione, anzi.[2] Nonostante un certo dibattere e ben due edizioni dei cosiddetti Stati generali della natalità, nel 2022 le nascite sono calate ancora dell'1,7% rispetto al 2021, attestandosi sul numero di 393 333, quasi 7000 in meno.

A fare ancora più paura è il trend, ci spiega l'ISTAT:

> Dal 2008, anno in cui il numero dei nati vivi ha registrato il più alto valore dall'inizio degli anni Duemila, i nati residenti in Italia sono sistematicamente diminuiti. In termini assoluti, la riduzione medio-annua ammonta a circa 13 000 unità. [...] Rispetto al 2008 oggi si rilevano oltre 183 000 nascite in meno (–31,8%).

Quasi il 32% in meno in circa 15 anni, impressionante e senza segni di ritorno, se è vero che i primi dati provvisori riferiti al periodo gennaio-giugno 2023 confermano una ulteriore diminuzione: circa 3500 nascite in meno, quasi il 2%.

Questo scomparire di bimbi e bimbe dal teatro del mondo nel caso delle donne italiane significa un tasso di fecondità di 1,18 figli a testa, lontanissimo dal cosiddetto tasso di sostituzione di 2,1 per donna. A conferma che la tendenza è generale non possiamo più nemmeno confidare nel contributo delle donne migranti nel rialzare questa soglia (che poi, che ipocrisia...). Le donne straniere, infatti, si adeguano velocemente ai comportamenti riproduttivi locali, spinte dalle medesime forze sociali: se nel 2006 le immigrate in Italia avevano mediamente 2,8 figli e figlie, nel 2022 il numero è già calato a 1,8. Un figlio in meno in soli 16 anni.

Una tendenza davvero difficile da contrastare, a dispetto dei proclami e degli inviti più o meno ricevibili di considerare *cool* la maternità. La trappola demografica, quella che nei paesi a basso reddito definisce la tendenza alla crescita della popolazione, da noi scatta al contrario, non solo nascono meno bambini e bambine, ma, inevitabilmente, ci sono sempre meno donne che potrebbero farli: un milione e mezzo in meno negli ultimi vent'anni. Un numero destinato a calare ancora. La riduzione sistematica delle nascite, infatti, si spiega anche in parte con il cambiare nel tempo della popolazione femminile in età fertile, convenzionalmente fissata tra i 15 e i 49 anni. Il conto è presto fatto: le boomer, le donne nate intorno agli anni sessanta sotto l'insegna del boom economico, sono ormai quasi del tutto uscite dalla fase riproduttiva (anche se vedremo che non è detto sia proprio così). Quelle delle generazioni successive, al contrario, scontano l'effetto del cosiddetto *baby bust*, il fenomeno di contrazione delle nascite che già nel 1995 aveva portato il paese al minimo storico di 1,19 figli. Che l'Italia sia scesa sotto la media europea già nel

1984 lo ricorda spesso il demografo Alessandro Rosina, sottolineando che sono 40 anni che ci misuriamo con il fenomeno, per lo più limitandoci a deplorarlo e rischiando che sia ormai troppo tardi per modificarlo. Con impatti, tanti e diversi, sulla struttura della società e sulle condizioni di vita nel paese.

«Nelle neonatologie non ci sono abbastanza parti per fare esercitare gli studenti», commenta sconsolato il primario di un grande ospedale del Nord.

Ma perché l'Italia ha cominciato così presto a discendere la sua curva demografica? Un fenomeno inedito per quegli anni che chiama in causa diverse ragioni. Ma, per restare sugli aspetti più legati al progetto di famiglia e di genitorialità, già a metà degli anni novanta le giovani coppie dovevano misurarsi con il ritardo nell'avviare una vita indipendente a causa delle difficoltà di accesso al mercato del lavoro e della casa. Inoltre pesava ancora molto l'idea che il matrimonio fosse un prerequisito indispensabile per dare il via a un progetto riproduttivo. Nel 1995, quando abbiamo registrato per la prima volta un tasso di fecondità di 1,19 figli per donna, i nati fuori dal matrimonio erano meno del 10% e l'età media della donna alla nascita del primo bebè di 28 anni.

Insomma, niente lavoro (o precario), coabitazione con i genitori, attesa prolungata prima di sposarsi, rinvio delle nascite. Trent'anni dopo il tasso di fecondità è cambiato di pochissimo, ma sono aumentate vistosamente le nascite non benedette dal vincolo matrimoniale.

«A diminuire sono soprattutto le nascite all'interno del matrimonio – conferma ISTAT – circa 10 000 in meno nel 2022 rispetto al 2021 e 233 000 in meno nel confronto con il 2008, cioè meno 50%».

Le cose sono cambiate: bambine e bambini (pochi) si possono fare anche senza sposarsi.

Nonni, aiuto

La transizione demografica, quindi, è sotto i nostri occhi: dal regime dei nostri nonni (se siamo boomer) con tante nascite e tante morti, a quello attuale in cui le nascite sono poche, ma sono pochi anche coloro che lasciano questo mondo. Al quadro dei fattori che spingono alla riduzione delle nascite se ne aggiunge, quindi, un altro: l'allungamento dell'aspettativa di vita, che in parallelo fa calare la natalità. Succede in tutto il mondo.

All'interno di questo andamento demografico condiviso a livello globale, noi in Italia siamo messi peggio, e in parte abbiamo detto perché. C'è tuttavia un'altra variabile degna di nota, forse la più specifica e in fondo inaspettata per un paese che tuttora proclama di mettere la famiglia al primo posto: la carenza strutturale di servizi per le famiglie, come asili nido e scuole per l'infanzia di buona qualità, gratuiti (o a prezzi sostenibili) e presenti capillarmente sul territorio. Pochi o inesistenti servizi a cui si cerca di rimediare con il cosiddetto welfare familiare: entrano in gioco nonne e nonni e il momento della pensione.

Ci ha pensato la Banca d'Italia a stabilire con chiarezza quanto incida nella scelta di mettere al mondo un figlio o una figlia il momento in cui i nonni potenziali vanno in pensione.[3] Nei paesi mediterranei, tra cui evidentemente il nostro, incide eccome: statisticamente, il tasso di natalità sale in maniera decisa dopo due anni dal pensionamento di almeno uno dei nonni. Soprattutto se sono in buona salute e vivono nelle vicinanze della coppia, il loro aiuto, idealmente a tempo pieno, diventa sempre più indispensabile per mettere su famiglia, soprattutto in quelle aree dove gli asili nido e i servizi per l'infanzia scarseggiano in modo particolare. Così, se sposarsi non è più necessario per avviare un progetto genitoriale, lo è invece il poter contare (o meno) sull'aiuto della generazione precedente.

A conferma che proprio l'assenza di servizi per l'infanzia determina in maniera importante i progetti genitoriali, uno scenario completamente diverso emerge per i paesi del Nord e del Centro Europa, dove il pensionamento dei nonni non mostra alcuna ricaduta sul tasso di natalità. Lì i servizi per l'infanzia ci sono e vengono usati. EUROSTAT ci dice che la percentuale di bambini sotto i tre anni che frequentano un nido in Olanda è del 74%, in Danimarca del 69%, in Francia del 57%, mentre l'Italia con il 33% e la Grecia con il 32% si dividono gli ultimi posti.

Ma se la rete familiare diventa così cruciale, il graduale innalzamento dell'età pensionabile complica terribilmente le cose: sia per l'uomo che per la donna il momento di ritirarsi dal mondo del lavoro si sposta sempre più avanti, allontanando così da una parte il sogno di diventare nonni e facendo scendere ulteriormente il tasso di fecondità. Un circolo vizioso per cui non si vedono soluzioni a breve e che sposta sulle sole coppie tutto l'onere della riproduzione.

Conferma Alessandro Rosina:

Siamo un sistema paese che ha fatto in modo che i genitori siano gli unici supporter dei propri figli e figlie, non esiste più il tema dei figli come «bene condiviso» perché lo Stato non mette le coppie nelle condizioni di ritenerli tali.[4]

Se l'idea di genitorialità sociale perde peso, se diventare o meno genitori assume in maniera crescente un carattere privato, allora non stupisce che si allarghi anche il numero di chi dichiara apertamente di non volere figli: il 5% dei potenziali genitori, secondo l'ISTAT.

«Io non voglio figli. Li posso avere. Ho 36 anni e abbastanza soldi per mantenerli. Ma non mi interessa, tutto qui», così il direttore di «La Stampa», Andrea Malaguti, racconta l'avvio del dialogo che ha portato al libro in cui la giornalista Simonetta Sciandivasci ha raccolto le storie e spiegato le ragioni di chi non sente il bisogno di riprodursi.[5]

Cattivi maestri o condizioni impossibili?

Questi cittadini iper-individualisti (per dirla col sociologo Luca Ricolfi) che rinunciano a fare figli non possono piacere a chi sotto sotto ha in mente ancora il modello di società di mezzo secolo fa. Quei cattivi maestri cui la presidente del Consiglio Giorgia Meloni attribuisce la responsabilità di aver costruito una «cultura dominante» secondo la quale «di fatto mettere al mondo un bambino sarebbe una scelta probabilmente incompatibile con molte altre, che avere un figlio avrebbe compromesso la tua libertà o i tuoi sogni, in alcuni casi addirittura la tua bellezza», facendo della genitorialità qualcosa di «stantio, un concetto arcaico da superare».[6]

Insomma, nella lettura proposta da Meloni e più in generale da chi si ritrova in un approccio conservatore, i figli non si fanno soprattutto per pigrizia e cattiva volontà. Ne parliamo perché, al di là della difficoltà di immaginare come quel 5% di restii a diventare genitori possa tradursi in «cultura dominante», se non si entra nella realtà documentata non si possono neanche configurare politiche diverse di sostegno alla genitorialità.

In effetti, tra uno Stato distratto e un supposto edonismo individuale ci sono altri e ben fondati motivi che spingono nello specifico le donne a sottrarsi o quantomeno a rinviare il progetto di diventare madre: il sommarsi del carico di lavoro domestico, di cura e professionale.

Una cosa, infatti, resiste inossidabile nella società italiana, nonostante le pur significative trasformazioni degli ultimi anni: l'iniqua distribuzione tra uomini e donne della cura verso le persone giovani e anziane, nonché del lavoro che si fa in casa. Questa divisione disuguale del carico di lavoro ha un impatto negativo sulle intenzioni di fecondità, un impatto misurabile e descritto.

Ancora una volta ci viene in soccorso l'ISTAT con uno studio del 2023 (il più recente, dopo ricerche analoghe con analoghi risultati), che mette bene in evidenza come all'aumentare del carico di lavoro per le donne si riducano in modo significativo le intenzioni di avere il primo figlio.[7]

Su questa strada, purtroppo, non sembrano esserci buone notizie, anzi. Il rapporto sul divario di genere realizzato dal *World Economic Forum*, e pubblicato a metà giugno 2024, non ci fa fare davvero una bella figura:[8] dal settantanovesimo posto nella graduatoria mondiale sulla parità di genere (già non esattamente lusinghiero), siamo scesi in un anno di altre otto posizioni, piazzandoci ottantasettesimi su 146. Per ottenere questo splendido risultato ci è bastato non fare niente, mentre altri paesi, sia tra i più sviluppati sia tra gli emergenti, hanno dimostrato che cambiare è possibile.

Sono quattro le dimensioni su cui si costruisce il Global Gender Gap Index, il più longevo, che dal 2006 misura annualmente lo stato vigente e l'evoluzione della parità di genere, mettendo a confronto: partecipazione e opportunità economiche, livello di istruzione, salute e sopravvivenza ed emancipazione politica. Per apprezzare meglio il valore di questi risultati è bene, allora, confrontare le performance italiane con quelle dei paesi che più le somigliano. Ma anche così non ci va molto meglio: se ci mettiamo in competizione con sei paesi di quest'area che sono tra i primi dieci al mondo e con altri venti che superano lo 0,75, il nostro indice globale è comunque più basso, al di sotto di quello medio europeo (0,70 contro 0,75). L'Italia, insomma, con tutto il suo appartenere al G7 e nonostante abbia raggiunto una sostanziale parità tra i generi per quanto riguarda istruzione e salute, si ritrova nella parte bassa della graduatoria anche rispetto a paesi della sua stessa zona geografica, e cade clamorosamente su due aspetti importanti del divario di genere: la rappresentanza politica e le condizioni economiche.

Se fare figli vuol dire perdere il lavoro

Crolla, con la nascita del primo figlio, il tasso di occupazione delle donne, soprattutto se vivono al Sud e hanno un tasso di istruzione basso. Una su cinque smette di lavorare, come conferma Save the Children, organizzazione che si occupa della promozione e difesa dei diritti di bambini e bambine, nell'ottava edizione del rapporto che ogni anno dedica al tema della maternità in Italia e che si intitola, significativamente, *Le equilibriste*.[9]

Si perde il lavoro perché si viene licenziate o comunque il proprio contratto precario non viene rinnovato, ma anche, soprattutto, per la difficoltà di conciliare i tempi professionali con quelli di cura, come dichiara quasi la metà delle donne italiane in questa situazione.

In questo senso i dati sull'occupazione sono netti: le madri che lavorano sono l'8% in meno delle donne senza figli, in una situazione nazionale caratterizzata da bassa occupazione femminile, che registra un divario medio tra occupazione femminile e maschile di oltre il 28%, e a fronte di un contesto internazionale che vede le donne con due figli nei maggiori paesi UE partecipare al mercato del lavoro in misura maggiore delle italiane senza figli.[10]

Allargando lo sguardo vediamo che le donne rappresentano più della metà della popolazione italiana, eppure partecipano molto meno degli uomini al mercato del lavoro, e il tasso di occupazione femminile si ferma al 53%, contro il 71% di quello maschile. Nella fascia di età tra i 25 e i 49 anni, quando più spesso si decide se diventare genitori, lavora il 90% dei padri contro il 60% delle madri. Le donne non solo cercano e trovano lavoro meno degli uomini, in generale sono anche pagate meno. In Italia, secondo i dati EUROSTAT, le donne percepiscono salari, in media, del 13% inferiori a quelli dei loro colleghi maschi. Eppure, tutti gli indicatori internazionali dicono che una maggiore e migliore partecipazione della componente femminile al mondo del lavoro fa salire, e non scendere, le nascite.

Ecco perché colpevolizzare chi sceglie di rinunciare all'essere genitore, o attribuire a fantomatici cattivi maestri il prevalere di un modello edonista, non è solo ingeneroso, ma è inutile. Non ci porterà da nessuna parte. Se l'obiettivo è quello di favorire la natalità, è importante creare le condizioni perché le donne possano raggiungere una piena autonomia economica e non debbano dipendere dalle decisioni di altri, né prima né dopo l'eventuale nascita di un figlio.

Michela Murgia aveva tutte le ragioni.

IL FILM. *Figlia o carriera?*

Baby boom, regia di Charles Shyer, con Diane Keaton e Sam Shepard. USA, 1987.

Prototipo della donna in carriera, Diane Keaton è dirigente in un'importante società di marketing con la prospettiva di diventarne socia, e convive in uno splendido appartamento a Manhattan con un avvocato altrettanto dedito al lavoro. Il suo equilibrio e le sue certezze vanno in pezzi quando scopre di essere l'unica parente in vita della piccola Elisabeth, deliziosa frugoletta di poco più di un anno. Dopo un tentativo di darla in adozione, Keaton decide di tenerla con sé. Una scelta che le costerà non solo la relazione, ma anche il lavoro. Trasferitasi nel Vermont, saprà inventarsi una nuova carriera da imprenditrice e costruire un rinnovato equilibrio in cui il lavoro non sia di impedimento alla cura della bambina.

5.
Ci penserò domani

È proprio una storia dei nostri giorni quella di Flavia, bibliotecaria di Livorno, una vita da single dedicata alla cura della madre ormai ultranovantenne. Il 6 giugno 2024 è balzata, come si dice, agli onori della cronaca, partorendo un bimbetto di due chili, all'età di 63 anni suonati. Flavia il suo bimbo lo ha avuto da sola, grazie a una tecnica di procreazione medicalmente assistita, con l'impianto di un embrione ottenuto da donazione di gameti, quindi con una tecnica eterologa (che in Italia è ammessa solo da una decina d'anni), e avviando la gravidanza al secondo tentativo, quando ormai di anni ne aveva compiuti 62 (e invece questo è illegale in Italia, dove la legge 40 fissa a 50 anni il limite di età per ricorrere alla fecondazione assistita). Per realizzare il suo sogno Flavia – in piena autonomia, garantisce il ginecologo che l'ha seguita nel tempo – si è organizzata e pagata un viaggio in Ucraina, in piena guerra. Anzi i viaggi sono stati due, perché Flavia il suo primo piccolo lo ha perso alla 14° settimana, quando ormai tutto sembrava andare per il meglio.

Se non esistesse davvero (e con lei il suo piccino), Flavia sarebbe da inventare, tanto riesce a rappresentare le istanze su cui stiamo ragionando: una vita che non offre occasioni per un progetto di genitorialità e che, immaginiamo, si riempie del lavoro e della cura verso la madre; le opportunità offerte dalle tecnologie, che sono ormai in grado di spostare molto in avanti l'orologio biologico; le leggi in contrasto tra di loro, che sostengono il mercato del cosiddetto turismo procreativo, e un paese dall'economia già disastrata prima della guerra che mantiene un'industria in grado di assicurare importanti ricadute economiche.[1]

Come ci muoviamo in questa complessità, ben lontana dalle situazioni rassicuranti di una volta, quando ci si sposava e a tempo debito arrivavano i figli? Tutto sommato la cifra della maggioranza dei commenti mediatici è positiva, sottotesto: «guarda un po' che cosa può fare la scienza oggi». Emerge il ritratto di Flavia come di una persona molto «determinata», e alla fine che cosa ha fatto di male? Voleva un figlio al tramonto di una vita di soli sacrifici, di orizzonti umani limitati; la tecnica e le risorse c'erano, perché rinunciare? In un paese come l'Italia, poi, dove non nasce più nessuno.

Certo, il commento di Antonella Mariani su «Avvenire» ha un tono ben diverso: seppur sommessamente, non approva. A cominciare dal titolo: *Che record è?*.[2] E poi: il povero bimbo che a dodici anni si ritroverà una mamma di 75, i limiti di natura che riguardano la donna e non l'uomo…

Si interroga (e ci interroga) Mariani:

> è giusto sfidare la legge di natura per coronare un desiderio, peraltro sempre degno di rispetto, di maternità? Oppure in questi casi si assiste alla trasformazione di un legittimo desiderio in un inesistente «diritto al figlio»?

Eccoli, tutti in fila, i soliti dubbi, che da una parte tendono a giudicare e a sminuire (davvero crediamo che l'obiettivo di Flavia fosse battere il record di mamma più anziana d'Italia?) e dall'altra ripropongono quelli che sono già stereotipi. Il limite fisiologico dell'età può esistere, certo, ma non è una «legge» di natura, le tecniche di procreazione medicalmente assistita lo hanno infranto, o comunque aggirato. E poi il limite in sé non è né giusto né sbagliato, è solo una caratteristica fisiologica (appunto) che dipende da un insieme di fattori diversi e che può cambiare nel tempo e nelle persone. Pensiamo a chi è sterile, a chi nasce senza utero, a chi ha una menopausa molto precoce, o all'opposto tardiva. In realtà, appellarsi alla natura per le questioni etiche o le scelte sociali non è mai di grande aiuto, perché in natura si trova sempre tutto e il contrario di tutto.

Scrive Chiara Lalli, filosofa, bioeticista, impegnata da sempre nelle battaglie dell'Associazione Luca Coscioni: «Non solo la natura non ci dà indicazioni certe e uguali per tutte, ma non possiamo direttamente considerare quelle indicazioni come morali e da imporre a tutte le altre persone».[3]

Ecco un altro punto: se sono garantite le condizioni di salute a mamma e prole, se, come si dice, mamma e figlio stanno entrambi bene, come nel caso di Flavia, a chi compete giudicare se è legittimo superare un certo limite d'età per diventare madre e quale dovrebbe essere il limite?

Infine, se ci pensiamo senza pregiudizi, neanche l'obiezione che riguarda la condizione di un bambino o una bambina che si ritrovano dei genitori anziani regge più, non solo perché nel corso della storia di persone giovani allevate da persone anziane ce ne sono state tante, o perché è legittimo domandarsi se l'alternativa di non nascere *tout court* sia migliore, ma anche perché, come abbiamo visto, la nostra struttura demografica è drammaticamente cambiata e l'aspettativa di vita è in continua crescita. Secondo i dati preliminari di EUROSTAT per il 2023, chi nasce in Europa può aspettarsi di vivere in media 81,5 anni.[4] In 15 paesi l'aspettativa di vita ha superato la media dell'UE, e tra questi l'Italia si piazza seconda con 83,8 anni, subito dopo la Spagna con 84.

Certo, parliamo di valori medi, ma tra questi le donne italiane spiccano per una speranza di vita più lunga degli uomini di quasi sei anni, arrivando a 85,6. Vero che vanno considerate anche le condizioni di salute di questi anni in più, e in questo un'informazione interessante è contenuta nell'ultima edizione del Rapporto Bes, curato da ISTAT: «È pari a 10,6 anni la vita media attesa senza limitazioni a 65 anni, in aumento rispetto ai 10 anni registrati sia nel 2022 sia nel 2019».[5]

Insomma, mamma Flavia può sperare di occuparsi di suo figlio per una ventina di anni buoni, e di questi i primi dieci senza che l'età si faccia sentire in modo troppo pesante.

In fondo, come abbiamo visto nel capitolo sulla denatalità, spesso sono proprio i nonni, comunque, a crescere il nipotino o la nipotina, in virtù di quella rete familiare che integra un welfare scarso o inesistente.

Nei fatti la famiglia «tradizionale» o «naturale», evocata puntualmente nei commenti di almeno una parte della componente conservatrice del nostro paese, si riferisce a una realtà che è esistita solo per qualche decennio e non è più un modello d'aiuto per affrontare i grandi cambiamenti degli ultimi anni. Lo deve riconoscere la stessa Antonella Mariani:

> Di certo, l'allungamento della vita, la precarietà presente nel percorso di tante donne e uomini, aggiunte ai progressi della scienza medica, spingono a rimandare la scelta di avere un figlio. Ma fino a che età?

Social freezing, ovvero la crioconservazione pianificata degli ovociti

Sono più di 3600 le bambine e i bambini nati in Italia tra il 2005 e oggi da ovociti scongelati. La crioconservazione è una tecnica di PMA che consiste nel prelevare i gameti, ovociti e spermatozoi, per conservarli a temperature molto basse in azoto liquido nelle cosiddette biobanche. Ancora vitali dopo anni, perfino decenni, gli ovociti scongelati e opportunamente fecondati possono affrontare il percorso di una gravidanza, portando alla luce nuove vite, temporaneamente «rimandate».

Già a metà del Settecento, il solito Lazzaro Spallanzani aveva osservato gli effetti del raffreddamento sugli spermatozoi conservati nella neve, perciò la crioconservazione del seme è una pratica consolidata da tempo. Per quanto riguarda gli ovociti, per cui la tecnica richiede anche una stimolazione ovarica, l'American Society for Reproductive Medicine (e a breve distanza anche la società europea) l'ha dichiarata non più sperimentale nel 2012, indicandone l'uso per tutte quelle donne la cui fertilità è a rischio a causa di una patologia o delle terapie necessarie per curarla. Si tratta quindi, soprattutto, di pazienti oncologiche o comunque di donne che devono affrontare percorsi di cura che possono danneggiare le gonadi.

Ma, ormai lo abbiamo capito, quando una nuova tecnica di procreazione si aggiunge alle altre per rimediare o aggirare un deficit, ben presto il suo utilizzo si allarga, perché come direbbe Ian Malcolm, il matematico di Jurassic Park: «la vita vince sempre». Così, solo due anni più tardi, l'indicazione della crioconservazione dei gameti viene estesa in pratica a tutte le donne che si vogliono mettere al riparo dal rischio di infertilità per qualsiasi causa, compreso il «semplice» invecchiamento riproduttivo, cioè il calo della fertilità dovuto al procedere degli anni.

Sono quelle donne che, lo abbiamo visto nel capitolo sulla denatalità, rinviano il momento di affrontare una gravidanza per tanti e diversi motivi: perché il carico di lavoro e di cura è troppo elevato, perché non hanno un partner che le supporti (o non hanno un partner per niente), oppure perché stanno realizzando un progetto di studio o di carriera e non è il momento adatto, quelle donne ormai oltre i trent'anni che sentono ticchettare il proprio orologio biologico, ma che non si possono permettere di fare un figlio, magari con ansia e dispiacere, e quindi rimandano perché (e qui è Rossella O'Hara) «Non posso pensarci ora, se no divento pazza. Ci penserò domani».

Pensarci domani, però, fino a una dozzina d'anni fa voleva dire rischiare l'insuccesso, non riuscire più a restare incinte. Oggi il social freezing, o più correttamente la crioconservazione pianificata degli ovociti, aiuta a ridurre quel rischio, e le donne stanno diventando consapevoli che è possibile fare qualcosa, e cioè mettere in biobanca quella parte di sé che potrà essere di nuovo disponibile quando la situazione sarà cambiata e un progetto di genitorialità sarà non solo desiderabile, ma anche realizzabile. E sono sempre più numerose le donne che decidono di farlo.

Insomma, ecco di nuovo un cambio di paradigma, già vivo e presente nella nostra società, per cui le donne e le coppie possono pianificare con più efficacia il proprio futuro di genitori tenendo conto dei limiti, delle difficoltà e, certo, anche delle opportunità che caratterizzano l'epoca che si trovano a vivere. Con buona pace dei discorsi sull'egoismo e l'edonismo delle nuove generazioni.

Ma il social freezing (il termine soffre di qualche connotazione critica, ma quanto è interessante il ricomparire dell'idea di ricaduta sociale in un percorso tanto individuale), come tutte le tecniche riproduttive, introduce qualcosa di più di un'opzione biologica, perché modifica anche l'equilibrio delle relazioni.

La conservazione pianificata degli ovociti consente di espandere l'autonomia riproduttiva delle donne permettendo loro sia di posticipare la maternità sia di preservare un legame biologico con il nascituro. Inoltre può contribuire a ridurre alcune diseguaglianze dovute alla differente durata della finestra riproduttiva tra uomini e donne. In più, queste tecniche consentono alle donne di evitare il ricorso a ovociti donati per la PMA e di conservare i propri gameti in modo indipendente dal consenso di un partner, differentemente da quanto avviene invece nel caso in cui si scelga di criopreservare un embrione.

La riflessione è contenuta in un documento elaborato dal Comitato etico della Fondazione Veronesi.[6] Caspita, che assist importante per l'autonomia femminile: la possibilità di ridurre l'ampiezza della finestra riproduttiva tra uomo e donna, quella diseguaglianza cosiddetta «naturale» (quando invece è solo biologica e la biologia può cambiare con la tecnica) che entra in tutti i discorsi sulla liceità di avere un figlio o una figlia in tarda età, gli uomini possono farlo e le donne no. E poi l'indipendenza femminile riguardo ai propri gameti: l'ovocita è mio e me lo gestisco io, potremmo dire. Perché, mentre gli embrioni sono della coppia, gli ovociti sono della donna, che quindi non rischia più di restare impigliata nelle volontà espresse nell'ambito di un legame che potrebbe spegnersi nel tempo.

Peraltro, che gli embrioni siano della coppia, ma che alla donna sia da riconoscere comunque il diritto di decidere se portare avanti la gravidanza anche contro il parere di quello che nel frattempo è diventato un ex partner, lo ha stabilito la Corte costituzionale con la sentenza 161/2023, che ancora una volta è intervenuta sulle indicazioni della legge 40 (sempre lei).[7] La stessa sentenza stabilisce che il trasferimento degli embrioni nell'utero della aspirante mamma può avvenire anche se nel frattempo il compagno è morto. A poco meno di un anno di distanza da quel pronunciamento sono andate in «Gazzetta Ufficiale» le linee guida che aggiornano le indicazioni contenute nella legge, tra cui quelle relative al trasferimento degli embrioni congelati e ai relativi diritti di donne e uomini nel percorso di riproduzione medicalmente assistita.[8] Va sottolineato quanto di queste linee guida, emanate dopo una decina d'anni dalle ultime disponibili, sia dovuto alla necessità di rispondere all'evoluzione scientifica delle tecniche, ma anche di sancire le tante sentenze della Corte costituzionale intervenute a smantellare un impianto legislativo che aveva evidentemente non pochi problemi.

Diseguaglianze, ancora

Insomma: la possibilità di spostare molto in avanti i tempi di una gravidanza, l'opzione di conservare in biobanca i propri gameti in attesa di tempi migliori per un progetto di genitorialità, il riconoscimento dell'autonomia riproduttiva della donna, che può avviare un percorso di gravidanza in piena armonia e accordo con il proprio compagno, ma che può scegliere se mantenerlo anche quando questa condivisione di obiettivi non esiste più per causa di forza maggiore...

Questi scenari sono già presenti in Italia, con oltre 6000 donne l'anno che scelgono la crioconservazione pianificata degli ovociti, con un trend in aumento che qualcuno stima essere del 20% annuo (non si conosce il numero esatto degli embrioni congelati, ma si stima che ogni anno siano decine di migliaia).

Anzi, il Comitato etico della Fondazione Veronesi, nel suo documento *Madri domani*, auspica una ulteriore crescita:

> la crioconservazione degli ovociti è una pratica non solo eticamente lecita, ma il suo utilizzo andrebbe maggiormente diffuso e promosso presso la popolazione civile con l'obiet-

> tivo di proteggere ed espandere l'autonomia riproduttiva di tutte le cittadine e di tutti i cittadini, nonché di ridurre alcune diseguaglianze di genere.[9]

Un obiettivo di equità che richiederebbe una migliore consapevolezza da parte di tutte le figure coinvolte, e soprattutto della società civile a cui queste decisioni si rivolgono. Una capacità di riflessione approfondita, che vada al di là del titolo di giornale sulla modella che annuncia di aver congelato i propri ovociti, o del giudicare se Flavia abbia diritto o meno di fare un figlio a 63 anni.

Se è vero che ogni nuova biotecnologia può avere un impatto concreto sulle scelte di vita delle persone, quanto sarebbe opportuna una capacità di dibattito che tenga conto di tutti gli aspetti etici, normativi e politici, nonché di quelli di salute?

Certo, il social freezing è una pratica percepita come molto meno controversa della gravidanza per altre persone, ma quello che preme sottolineare è che nell'uno e nell'altro percorso si intrecciano aspetti e considerazioni diverse su cui bisogna trovare un punto di equilibrio.

Per esempio un aspetto che va sempre considerato è la necessità di valutare se esistono e quali sono gli eventuali rischi per la salute di mamma e prole. Restando nell'ambito della fecondazione dopo crioconservazione sono presenti dei vantaggi: poter utilizzare ovociti congelati mentre sono ancora giovani consente di ridurre o eliminare il rischio di anomalie cromosomiche e genetiche, infatti l'incidenza di queste anomalie dipende più dall'età dell'ovocita che dall'età della donna. Sull'altro piatto della bilancia, rimandare molto la gravidanza, anche potendo contare sui propri gameti, porta con sé i rischi di complicanze tipici delle gestazioni tardive.

L'età in cui si decide di praticare il prelievo degli ovociti per la crioconservazione è un altro fattore importante, farlo dopo i 35 anni, e quindi con gameti più vecchi, significa ridurre anche le percentuali di successo delle successive gravidanze.

Tutti aspetti, come si vede, che dovrebbero far parte del patrimonio di conoscenze di ogni donna, perché sia in grado di compiere in modo pienamente consapevole la propria scelta.

Se poi vogliamo guardare le cose anche da una prospettiva di solidarietà sociale, un aumento del ricorso alla crioconservazione potrebbe portare a un aumento di disponibilità di ovociti donati per supportare quei percorsi di PMA eterologa che in Italia soffrono ancora molto per l'assenza di gameti disponibili.

Purtroppo, ancora esistono ampie diseguaglianze di accesso alle possibilità offerte dalla crioconservazione, che riguardano sia le donne che scelgono il rinvio della maternità per motivi propri, sia quelle che lo fanno o lo farebbero per motivi legati alla presenza di patologie. Oggi infatti la pratica è gratuita solo per le donne sotto i 40 anni con una diagnosi oncologica, il che significa lasciare le donne ad affrontare a proprie spese tutta una serie di malattie che comportano un rischio per la fertilità. Diseguaglianze inaccettabili e che andrebbero eliminate.

Ma le diseguaglianze non riguardano solo l'accesso alle procedure per preservare la fertilità delle donne colpite da una malattia, più in generale riguardano proprio la possibilità di decidere in piena libertà dal bisogno se avviare un progetto di genitorialità. Nella nostra società non sono tanto le mamme in età, come Flavia, a costituire un nodo di discussione, quanto piuttosto l'assenza di politiche di vero sostegno per chi vorrebbe un figlio e non se lo può permettere, o rimane escluso, come le coppie omogenitoriali e le donne single.

Ne è perfettamente consapevole il Comitato etico della Fondazione Veronesi:

> Crioconservare gli ovociti rappresenta un'importantissima opportunità per preservare la fertilità, allargando la finestra riproduttiva, particolarmente ristretta nella popolazione femminile. È importante però considerare che, come è fondamentale poter essere libere di rinunciare alla maternità se non la si desidera, allo stesso modo le donne che la vogliano sperimentare e che ne abbiano la possibilità dovrebbero essere messe nelle condizioni di avere un figlio a prescindere dalla loro situazione lavorativa o sociale, potendo contare su tutto il supporto possibile. La possibilità di crioconservare, per quanto fondamentale e da incentivare per donne che ancora non si sentono pronte ad avere un figlio o che non hanno un partner, dovrebbe diventare la prassi anche per le coppie che desiderano avere un figlio, ma rimandano per paura di non riuscire a conciliare vita familiare e lavorativa. Purtroppo queste decisioni sono dettate dalla società in cui viviamo, ma dovremmo batterci anche per questo diritto.[10]

Un mercato per i gameti?

Verrebbe da dire: c'è poco da festeggiare. Ma non la pensavano così all'ospedale Niguarda di Milano, quando a luglio 2021 hanno pubblicato sul sito la notizia (con tanto di fotografia dello staff al completo e sorridente) della «prima donazione volontaria di ovociti in Lombardia», da parte di una donna che ne ha resi disponibili 23, destinati a 4 coppie che si avviavano a un percorso di fecondazione eterologa.

In effetti il divieto di fecondazione eterologa, presente nella prima versione della legge 40, ha reso, se non impossibile, molto difficile costruire nel tempo le condizioni per un flusso regolare di gameti destinati a chi non può contare sui propri. E gli anni trascorsi dal 2014, data della sentenza della Corte costituzionale che ha abolito quel divieto, non sono bastati a cambiare le cose: il principale problema quando si parla di donazione di gameti è l'enorme carenza di donatori o di donatrici italiani. «La mancanza di una politica di incentivi per donatori di sperma e donatrici di ovociti ci obbliga infatti a importare oltre il 90% di gameti congelati dall'estero», conferma il ginecologo Antonino Guglielmino, a margine di un convegno dedicato a proposte di modifica della legge 40.

Ecco quindi affacciarsi un altro ambito in cui l'accesso alle opzioni offerte dalla PMA è diseguale, in questo caso tra paesi.

Il quadro normativo che inquadra le modalità e i limiti entro i quali può avvenire la donazione dei gameti ha un punto di riferimento internazionale, la Direttiva 2004/23/CE del Parlamento europeo (che riguarda la donazione di tutti i tessuti e le cellule umane),[11] e i recepimenti locali, per esempio il documento della Conferenza delle Regioni e delle Province autonome,[12] che già nel 2014, appena dopo la sentenza della Consulta, ha stabilito gli aspetti di sicurezza delle procedure e definito i criteri di ammissione. Consultando il documento veniamo a sapere che: in Italia possono donare i gameti le persone di sesso maschile di età non inferiore ai 18 anni e non superiore ai 40, e quelle di sesso femminile di età non inferiore ai 20 anni e non superiore ai 35. Per quanto riguarda i donatori di gameti maschili, sono candidabili coloro che, in modo «spontaneo e altruistico», decidono di donare i propri gameti. Per quanto riguarda le donne le cose sono un po' più complicate, perché si rende necessaria una stimolazione ovarica a base di ormoni, con monitoraggio e recupero degli ovociti, e di conseguenza un disagio maggiore rispetto ai maschi e la necessità di recarsi più di una volta alla struttura sanitaria, cosa che può costituire facilmente un aspetto critico, soprattutto per le donne che lavorano.

Nella sua direttiva l'Unione europea ha stabilito che la donazione dei gameti debba essere volontaria e gratuita (come per il sangue e gli organi), ma ha lasciato agli Stati la possibilità di fissare un rimborso per indennizzare i donatori e le donatrici per le ore di lavoro perse, lo stress psicofisico e il costo dei farmaci necessari alla stimolazione ormonale per la componente femminile. L'Italia non ha recepito questa possibilità. Inoltre, a differenza degli altri paesi europei in cui la fecondazione eterologa è permessa da tempo, non si fa nessuna (o quasi) informazione sulla necessità di disporre di gameti donati. Risultato: le donazioni, in particolare quelle di ovociti, a voler essere ottimisti, si contano sulle dita di due mani. E spesso arrivano dalle donne che hanno completato il proprio percorso di crioconservazione pianificata di ovociti e, non avendone più bisogno, sono disposte a donarli.

Perciò, per portare a casa quegli oltre 15 000 cicli di fecondazione eterologa realizzati nel 2022 (ultimo dato disponibile nel momento in cui scrivo), il nostro paese ha dovuto guardare oltre confine. «L'eterologa è una macchina senza benzina: oggi la quasi totalità dei trattamenti viene effettuata con gameti importati dall'estero, con un costo importante», spiega Gianni Baldini, avvocato e direttore della Fondazione PMA Italia in un articolo sul mensile «Altraeconomia».[13]

Un costo che finora ricade direttamente sulle coppie che si rivolgono a un centro privato, mentre per quelle assistite nelle (scarse) strutture pubbliche il costo si distribuisce sulla collettività, come garantisce il nostro Servizio sanitario nazionale.

Cosa fare, dunque, per spostare l'equilibrio verso una maggior adesione a un percorso che deve esprimere, sì, soprattutto solidarietà, ma che richiede anche qualcosa di più in termini di ricadute di costi e disagi? Accanto alla dichiarata intenzione di realizzare campagne informative che possano contribuire a rinforzare la spinta alla donazione (come si fa per il sangue e gli organi), il tentativo è quello di introdurre qualche forma di incentivo o di rimborso, quantomeno per il tempo, se non per il disagio. In fondo, da anni, a chi dona il sangue si riconosce il riposo retribuito nella giornata in cui il sangue viene prelevato.

Ma le pur caute proposte in questo senso si sono trasformate subito in battaglia ideologica:

Lo chiamano «rimborso», ma è la solita richiesta di poter pagare i «donatori» di gameti: si usa un'espressione diversa per non dire che si vuole aprire anche in Italia al commercio di ovociti e spermatozoi, come avviene in altri paesi alimentando il fiorente mercato della fecondazione assistita, in particolare dell'eterologa,

spara a zero su «Avvenire» Assuntina Morresi, docente di Chimica fisica a Perugia, membro del Comitato nazionale di bioetica e ora vicecapo di Gabinetto del Dipartimento per le politiche della famiglia.[14]

Insomma, per chi sostiene queste posizioni, le lunghe dita del mercato si distinguerebbero in controluce non solo per la GPA, ma anche per la donazione dei gameti, anzi per la PMA tutta, con il solito richiamo allo sfruttamento di «giovani in condizioni di bisogno». Da notare che, come scrive la stessa Morresi, in media i rimborsi riconosciuti nei paesi che li praticano non arrivano ai 1000 euro, e proprio perché si vogliono escludere le condizioni di sfruttamento sarebbe bene portare dati e cifre di questo «fiorente mercato». Poi, se la fecondazione eterologa è ammessa da una legge dello Stato, non è interesse di tutti che possa essere praticata nelle condizioni migliori?

Abbiamo già affrontato la riflessione sugli aspetti del mercato della salute. Poiché nessuna procedura terapeutica è gratuita e i costi sono parte dello scenario, quello che serve è limitarli, definire a chi competono, e soprattutto garantire un accesso uguale per tutti e tutte.

Nella normativa europea la possibilità di indennizzo è prevista dall'articolo 12 della Direttiva 2004/23/CE:

Gli Stati membri si adoperano per garantire donazioni volontarie e gratuite di tessuti e cellule. I donatori possono ricevere un'indennità strettamente limitata a far fronte alle spese e agli inconvenienti risultanti dalla donazione. In tal caso, gli Stati membri stabiliscono le condizioni alle quali viene concessa l'indennità.[15]

Abbastanza chiaro e, tutto sommato, non sembrano essere indicazioni che possano supportare un ampio mercato. Nei fatti, 17 paesi hanno stabilito le condizioni per un'indennità, mentre un'altra decina no. L'Italia è tra quelli che non la prevede, anche se, ricorda la SIRU in una sua proposta datata qualche anno: «nell'ordinamento italiano sono previste diverse forme di indennizzo per quelle attività o prestazioni che assolvono una funzione solidaristica e sono dirette a soddisfare un principio di equità».

Insomma, si tratta di rendere più facile una scelta che rimane comunque spontanea e solidaristica, senza assumere il profilo della compravendita, riducendone gli aspetti di maggior disagio. In fondo anche le donazioni in moneta si possono detrarre dalle tasse… Nei fatti, l'Italia per ora si condanna ad acquistare da altri paesi quello che non riesce o non vuole rendere disponibile in casa, mantenendo ancora limitato il ricorso a una tecnica che peraltro offre buoni risultati, migliori, anzi, della classica fecondazione omologa: una media di 31 figli nati vivi, a fronte di 17, quasi il doppio.

In un articolo pubblicato su «La lettura» il 28 gennaio 2024, lo statistico Roberto Volpi sottolineava:

La fecondazione omologa non riesce a schiodarsi da un tasso medio di 17 nati vivi ogni 100 coppie, valore che, se si considerano i parti gemellari, significa che non più di una donna su sei di quante ricorrono alla PMA […] riesce a ottenere quel figlio al quale tanto anela. Un tasso di successo, com'è facile concludere, che proprio di successo non è [...] a maggior ragione in quanto passano gli anni, ma questa pratica non mostra di migliorare sotto il profilo dell'efficacia.[16]

L'impressione è che una parte del mondo conservatore si arrenda comunque di mala grazia a quello che ormai sono e rappresentano per le persone e per il paese le tecniche di procreazione medicalmente assistita, e cerchi comunque in ogni modo di ostacolarle.

«I nuovi LEA non prevedono l'acquisizione dei gameti dall'estero, quando invece in Italia è quello che si è obbligati a fare per almeno il 97% dei casi», conferma Adolfo Allegra, che presiede la società scientifica CECOS Italia. Così, le Regioni che sono state in grado di avviare una propria banca centralizzata potranno gestire meglio e a costi più bassi la disponibilità di gameti, mentre là dove la banca non c'è procurarseli continuerà a gravare sulle coppie. Inoltre, se arriverà a essere operativa, l'autonomia differenziata non farà che sancire, se non acuire, queste diseguaglianze.

E a proposito di diritti diseguali, nonostante gli interventi correttivi apportati dieci anni fa in direzione di un'apertura delle sue modalità di applicazione, la legge 40 continua a escludere dall'accesso alla PMA le donne single e le coppie omosessuali, con il paradosso che contemporaneamente la legge sulle unioni civili ha riconosciuto alle persone dello stesso sesso il diritto di formare una famiglia. Ma senza procreazione medicalmente assistita. Chissà, forse ci penseremo domani.

Post mortem

Chiudiamo questo capitolo con un'altra nascita che ha fatto scalpore (oltre che suscitare gioia): quella del piccolo Hugo, il primo bambino nato grazie a una fecondazione post mortem. Del 18 agosto 2023 è l'annuncio della sua venuta al mondo in un ospedale di Oporto, in Portogallo, quattro chili di bambino che di secondo nome fa Guilherme, come ha scelto il suo papà, che non c'è più perché morto di cancro nel 2019 a soli 29 anni. E il nodo della storia è tutto qui: suo padre questo bambino lo ha immaginato e ha voluto lasciare il suo seme crioconservato, insieme a un'autorizzazione scritta a procedere alla fecondazione assistita.

Angela Ferreira, la moglie, prima di realizzare finalmente il progetto di genitorialità concepito insieme al compagno finché è stato possibile, ha dovuto combattere una battaglia legale, perché in Portogallo la procedura di inseminazione post mortem non era ammessa.

L'impegno di Angela ha portato prima a una raccolta di firme e poi a un dibattito parlamentare, oltre che con la società civile attraverso i social, fino a che il gruppo di partiti della sinistra ha avviato la modifica della legge in vigore (che risaliva al 2006) e che è stata promulgata, dopo una prima resistenza del presidente della Repubblica, a novembre 2021. Oggi il Portogallo (che ha legalizzato anche la GPA) è uno dei pochi paesi che contemplano l'inseminazione post mortem, gli altri sono Grecia, India, Sudafrica, Spagna, Olanda, Regno Unito, Israele, Australia e Belgio. La condizione è che esista un consenso scritto preliminare (oltre al seme congelato, ovviamente), cosa che sembra perfettamente ragionevole. Sfugge invece la *ratio* di chi vuole impedirlo. Chi si danneggia nel fare venire al mondo una creatura al cui domani qualcuno ha pensato prima di morire?

IL FILM. *Si è fatto tardi*

Embarazados, regia di Juana Macìas, con Paco León e Alejandra Jiménez. Spagna, 2016.

Una coppia non più giovanissima è alle prese con problemi di fertilità che innescano una crisi sentimentale. Commedia spagnola forse poco originale, ma la sua forza sta nell'affrontare in modo garbato i problemi che sono realtà quotidiana di molte coppie di oggi.

Secondo intermezzo
Senza i miei figli, la mia vita non avrebbe avuto lo stesso significato

Andrea e Michele sono sposati da anni e sono i papà di Giacomo e Oscar. Si dividono tra un lavoro all'estero e frequenti puntate in Italia, dove vivono ancora le famiglie di entrambi. Quella che segue è una testimonianza reale, senza nulla di inventato. Una storia quasi paradigmatica, raccontata da Andrea. Solo i nomi di grandi e piccini sono fittizi, per il timore che possano rischiare il disconoscimento di paternità. Andrea è credente e i loro figli sono stati battezzati.

Il primo dei nostri figli, Giacomo, è nato nel 2019. A luglio 2020 avevamo il certificato trascritto e firmato dalla vicesindaca del nostro paese, una persona meravigliosa. E quindi carta di identità cartacea, con dietro scritto «genitori o chi ne fa le veci»: Andrea e Michele. Stessa cosa con Oscar: nato a novembre del 2021, a settembre del 2022 (in arrivo il cambio di governo) c'era una trascrizione certificata con due papà sul documento di identità.

Questo vuol dire tanto, tantissimo. Mio marito (lui è un po' più riservato di me in generale, invece io dico sempre e dovunque «mio marito»), mio marito, dicevo, viaggia meno di me. Io sono più flessibile nei miei impegni e posso farlo, ma senza questi documenti come potrei? Magari mi fermo un mese in Italia con i bambini e Michele all'estero per il suo lavoro. Se succede qualcosa... Perciò la paura dell'impugnazione del certificato è brutta ma reale. Tanto più con quello che è successo: le sentenze contraddittorie, gli effetti retrodatati.

Giacomo è entrato in Italia come cittadino americano con un visto di tre mesi. Scaduto il visto è diventato clandestino. Tutto sommato noi siamo bianchi e benestanti, ma se fossimo stati neri e poveri avremmo rischiato che ci chiedessero i documenti per strada e lui non aveva nulla. Quando lo racconto alcuni amici si commuovono.

La stessa cosa per Oscar: è stato per mesi con i documenti scaduti, un irregolare, perché aspettavamo il certificato con i due papà e ci voleva tempo. All'inizio anche la vicesindaca era un po' titubante, perché i responsabili dell'anagrafe, molto per bene ma pignoli, frenavano un po'. Insomma, una grande paura. Poi la cosa si è risolta perché alla fine Michele e io abbiamo strumenti socioeconomici e culturali su cui possiamo contare. E anche questa è una cosa molto brutta. Che ci siano queste diseguaglianze.

Ora viviamo tutti all'estero per via del lavoro di Michele, ma lui e i bambini hanno la residenza nel comune che li ha riconosciuti, mentre io ho ancora la residenza nel mio paese. Un po' complicato, ma alla fine sono le cose che possono succedere a tutti quelli che sono italiani ma lavorano all'estero. E come fanno gli expat, i loro figli e i nostri si ritrovano, per esempio, nella stessa scuola. Una scuola montessoriana.

Quando abbiamo iniziato il percorso noi sapevamo che le nostre opzioni erano Canada o Stati Uniti, e siccome in Canada le donne portatrici sono davvero poche abbiamo scelto gli Stati Uniti. E qui lo so che incarniamo uno stereotipo: coppia gay, bianca e benestante…

Ma quello che noi volevamo fortemente era una storia positiva da raccontare a Giacomo e Oscar. Volevamo che loro sapessero che un'amica dei papà che si chiama Vivian li ha portati in grembo, sempre lei per entrambe le gravidanze. Glielo raccontiamo costantemente da quando sono nati. Questo per noi era fondamentale, senza Vivian probabilmente non l'avremmo fatto. Vivian ha fatto una gravidanza per una coppia di papà di un'altra città italiana con due gemelli, poi Giacomo e poi Oscar. Dopo di che si è fermata. Ed è una storia bella.

Vivian è una donna che ha tre figli, due cani, un marito, un bel lavoro, una casa di proprietà… è una persona veramente quadrata ed è stata assolutamente lei a scegliere chi, quando, quanti. Questo è un punto fondamentale: è una donna davvero in gamba che gestisce la sua vita. Quando ha portato Cesare, faceva la consulente per gli studenti di scuola superiore nella scelta dell'università, quindi un bel lavoro da mentore e guadagnava bene.

Certo che l'elemento soldi è presente: Vivian ne ha messi da parte un bel po' con le tre gravidanze, sono il tesoretto per l'università dei figli. In fondo lei è americana e negli Stati Uniti tutto è monetizzabile. Ti do un servizio e tu mi paghi per questo servizio.

Mi ricordo una lunga chiacchierata su Skype, quando ci siamo conosciuti ci ha detto: «Ho avuto tre gravidanze belle, tranquille. Le ho portate benissimo, non avevo problemi. La gravidanza gemellare per l'altra coppia di papà è andata benissimo, mi è sembrato bello fare una cosa che a me non costa fatica e aiuta altre persone e quindi ho deciso». Non mi ha detto «lo faccio anche per i soldi», ma chiaramente c'è anche quell'aspetto, è un win-win per lei, per i figli, per noi, per i nostri figli. Davvero non so come altro chiamarla se non win-win una situazione in cui tutti guadagnano nella stessa misura, con tranquillità.

Certo il discorso può essere diverso se entrano in gioco le agenzie: possono essere terribili.

All'inizio abbiamo provato a rivolgerci a un'agenzia, chiedevano 15 000 dollari solo per individuare la donna disposta a portare avanti la gravidanza. Abbiamo rinunciato anche perché quella donna, che guadagnava bene, chiedeva un accordo che le coprisse il rischio di mancato guadagno se ci fossero state complicanze che le avrebbero impedito di lavorare, una cosa come 5000 dollari al mese. Non ce lo potevamo permettere. A quel punto l'agenzia è sparita. Tramite amici e amiche comuni abbiamo conosciuto Vivian, che l'aveva già fatto e ne era contenta. Così abbiamo evitato l'agenzia.

Sempre durante quella prima conversazione Vivian ci disse: «io sono contentissima di farlo, però poi ve lo prendete, io ne ho già tre». Non sono nella sua testa e non ho idea di cosa possa esserle passato nei nove mesi, ma certo fu molto chiara: «la gravidanza sono contenta di farla perché sto bene in gravidanza, ma non voglio più figli, infatti mio marito ha fatto la vasectomia».

Penso che uno dei problemi italiani sia proprio quella che si potrebbe definire la «santità della maternità»: secondo questa visione, la donna è devota ai figli e se soffre o ha problemi è colpa sua, perché in realtà essere madre è solo gioia. E siccome la cura dei figli è solo femminile, il padre, incapace di fare qualunque cosa, è inutile e può anche disinteressarsi... qui sono le radici del maschilismo, del rapporto distorto tra i generi. Secondo me anche il femminicidio è legato a questa cultura, tremenda, patriarcale e noi coppie gay in qualche modo la mettiamo in discussione, perciò qualcuno ci considera pericolosi. Sono gli stereotipi ancora dominanti, se ci incontrano per strada si stupiscono che cambiamo il pannolino: «oh, ma lo fate voi» e magari si offrono di dare una mano.

Io, che sono arrogantissimo, penso che come lo cambio io, nessuno...

La paternità è il sogno della mia vita diventato realtà, è proprio come lo volevo, mi sento realizzato. La mia vita senza i figli è una vita che non avrebbe avuto lo stesso senso. I miei figli mi hanno proprio riequilibrato, hanno placato le ansie, mi sento molto più pieno, risolto.

Anche Michele ora è felicissimo, anche se all'inizio non era molto convinto e ne abbiamo parlato a lungo, anche discusso animatamente.

Già nel 2003 sognavo di avere un figlio: ad Amsterdam incontrai in un pub gay un papà con un bimbo e mi dissi «allora si può». Ho pensato di coinvolgere una mia carissima amica, ne abbiamo parlato a lungo, nel 2006, 2007, 2008. Poi nel 2009 lei si è messa insieme al suo attuale marito e la cosa è finita lì. Io mi ero rassegnato, ma poi ho letto *Hello daddy!* di Claudio Rossi Marcelli, un libro molto bello, che mi ha fatto pensare che forse potevamo farlo anche noi persone normali, non solo i divi di Hollywood. Io sognavo un figlio anche da piccolo, era molto doloroso per me pensare che non avrei avuto figli, non l'ho mai messo nei termini di «aver diritto», ma di un desiderio immenso di paternità.

Ho sempre creduto molto nell'idea del susseguirsi di generazioni, nel senso che sono convinto che la storia abbia un percorso lungo: ci sono i miei nonni, i miei genitori, io e mia sorella; io sognavo di dare continuità, dare ricordi ai miei figli. E poi credo che nel lungo periodo si sciolgano anche i problemi. Io ho avuto un rapporto molto complicato con papà, una persona difficile, che il mio primo psicoterapeuta definiva «sofferente».

Papà, in fondo, ha fatto del suo meglio, anche se per me e mia sorella non è stato abbastanza. In qualche modo con Giacomo e Oscar sto pareggiando i conti, per esempio ora capisco la difficoltà di avere a che fare con persone molto diverse da te e quindi capisco meglio quanto per mio padre avere a che fare con me non sia stato facile. Io ero molto vivace, molto irrequieto, e papà era in difficoltà, pativa molta ansia, aveva paura e quindi mi stringeva in una morsa.

In qualche modo il lungo periodo rimette in pari il passato: tramite Giacomo e Oscar faccio ulteriore pace con papà e stendo un velo di perdono, di apprezzamento, di comprensione per le sue difficoltà.

Non so se sia un diritto, non l'ho mai pensato come tale, però l'idea che abbia un senso il susseguirsi delle generazioni e che la storia veramente abbia bisogno di lunghi periodi e quindi che i miei nonni, i miei genitori, io e mia sorella, e i miei figli siamo parte di un percorso importante, quasi necessario, questo sì. Ho pregato per anni che potesse realizzarsi, ho avuto fortuna, ho avuto questo dono del Signore meraviglioso e sono arrivati.

Michele è figlio unico e, come dicevo, inizialmente non era favorevole. Temeva anche che i suoi genitori, che vivono in un paese piccolo, avrebbero avuto difficoltà con i loro amici e i loro conoscenti. In realtà, ora i suoi sono felicissimi: sono persone perbene, belle persone e sono quasi geloso, perché i miei figli li adorano. La nonna materna di Michele è ancora viva e ora dopo un iniziale periodo di disorientamento («come ha fatto quella donna a lasciare i figli a voi?») anche lei è felicissima. Nel minuscolo paese le reti allargate di parentela vanno a tutti molto bene.

Certo, non voglio fare una descrizione idilliaca, il problema rimane il passaggio dal rapporto privato alla questione pubblica: ognuno ha un proprio «negro», un proprio musulmano, un proprio «frocio» con cui tutti sono in ottimi rapporti. Il problema sono sempre «gli altri». E anche nel paesino della nonna di Michele, dove praticamente tutti si conoscono, peraltro tradizionalmente di sinistra, la gente è contenta di vedere la nonna con i nipoti, ma che cosa succede se è qualcun altro a farlo?

Con la famiglia di Vivian siamo rimasti in ottimi rapporti, ma loro vivono in California e noi qua.

Ci sentiamo sempre per i compleanni: il suo, quello del marito e dei figli. Vivian ci ha scritto per il *Father's Day*, la terza domenica di giugno, ci scambiamo gli auguri a Natale.

Vivian è abbastanza riservata, però durante i nove mesi ci mandava video, rispondeva sempre, molto precisa, molto puntuale. Quando è nato Oscar, eravamo lì e Giacomo ha messo la sua mano sulla pancia di Vivian. Volevamo questo, che i nostri figli crescessero con la consapevolezza che i loro papà e la donna che li ha portati in grembo sono amici; insomma ci vogliamo bene, almeno da parte nostra c'è un affetto infinito, Vivian è nelle mie preghiere, ci ha fatto un dono che non riesco a quantificare. E la gratitudine per lei, per suo marito, i loro figli, la madre, le sorelle, i nipoti è immensa.

Un'altra questione è quella della donatrice, una figura importante. Tra l'altro sia Giacomo sia Oscar assomigliano entrambi, moltissimo, alle donatrici. Giacomo è nato da un embrione creato con l'ovulo di una donatrice e il seme di Michele. Nel caso di Oscar abbiamo adottato un embrione. Mi piace ricordare le donatrici, perché anche verso di loro sento una gratitudine immensa.

Né l'uno né l'altro dei miei figli è legato a me geneticamente; a Michele sì, Giacomo. Gli ho chiesto se lui sente una differenza tra Giacomo e Oscar. Mi ha risposto di no, perché è l'amore e non il patrimonio genetico che fa una famiglia. E io non potrei essere più d'accordo.

Comunque, sia Giacomo sia Oscar (anche se è ancora piccolino) sanno tutto. Leggiamo spesso il libro di Francesca Pardi, *Perché hai due papà?*, e abbiamo un album su cosa è successo prima della loro nascita: le foto del viaggio negli Stati Uniti per donare il seme, le foto di loro piccoli dentro l'utero, le email tra noi e la portatrice, le foto delle ecografie, le carte d'imbarco del viaggio per andare negli Stati Uniti quando sono nati... è tutto documentato. Conoscono benissimo la storia. La loro storia. Che è una storia bella ed etica.

6.
Un paese contro i bambini?

«So che non è normale, ma è normale per me. Ed è quello che conta». Questo è il titolo di uno studio recente (2023) sulle percezioni e il benessere nelle persone giovani nate attraverso una GPA o fecondazione eterologa, realizzato da un gruppo di lavoro diretto da Susan Golombok, ricercatrice presso l'Università di Cambridge (quella inglese).[1]

Il lavoro si sviluppa a partire da uno dei pochi studi longitudinali (cioè quelli che seguono lo stesso gruppo di persone nel corso del tempo) disponibili sulle famiglie create grazie alle biotecnologie e ha coinvolto 65 famiglie britanniche con bambine e bambini nati da riproduzione assistita: 22 da gravidanza per altre persone, 17 da donazione di ovuli e 26 da donazione di sperma, dall'infanzia fino alla prima età adulta. Nel corso di una ventina d'anni i ricercatori hanno confrontato queste famiglie con altre 52 formate con concepimento non assistito nello stesso periodo. Ebbene: i risultati confermano che l'assenza di una relazione biologica tra figli e genitori non interferisce con il benessere psicologico delle madri o dei giovani adulti o con la qualità delle relazioni familiari. Risultati che sono coerenti con le precedenti valutazioni effettuate all'età di uno, due, tre, sette, dieci e quattordici anni.[2]

«Nonostante le preoccupazioni di molte persone, le famiglie con bambine e bambini nati attraverso queste tecniche stanno crescendo bene», riflette Susan Golombok, professoressa emerita ed ex direttrice del Center for Family Research dell'ateneo inglese, continuando: «Se abbiamo notato qualche differenza positiva, è nel gruppo delle famiglie che avevano rivelato subito ai bimbi il modo in cui sono venuti al mondo».

L'indagine, infatti, non solo ha esaminato gli effetti a lungo termine di diversi tipi di procreazione assistita sulla genitorialità e l'adattamento dei figli, ma ha indagato in modo prospettico l'effetto psicologico dell'età in cui ai bambini è stato raccontato che erano stati concepiti mediante donazione di ovuli, donazione di sperma o gravidanza per altri. La maggior parte dei genitori che avevano rivelato il ricorso alle biotecnologie riproduttive lo ha fatto attorno all'età di quattro anni. Ebbene, i giovani adulti che hanno appreso delle loro origini biologiche prima dei sette anni avevano meno relazioni negative con le loro madri e le loro madri hanno mostrato livelli più bassi di ansia e depressione. Ciò suggerisce che essere aperti con le persone giovani sulle loro origini, soprattutto quando sono piccole, porta con sé ricadute positive in termini di fiducia e benessere.

Riflettendo sui propri sentimenti riguardo alle origini biologiche, i giovani adulti intervistati nel corso dello studio sono risultati sereni. Per esempio, un ragazzo nato attraverso la GPA: «Non mi turba davvero, le persone nascono in modi tutti diversi e se sono nato così, va bene, lo capisco». Un altro giovane adulto nato attraverso la donazione di sperma ha detto: «Mio padre è mio padre, mia madre è mia madre, non ho mai veramente pensato che possa esserci qualcosa di diverso, quindi non mi interessa davvero». Alcuni giovani hanno affermato che il modo in cui sono stati concepiti li ha fatti sentire speciali: «Penso che sia stato fantastico, penso che l'intera cosa sia assolutamente incredibile. Non ho niente di negativo da dire al riguardo» è il commento di un terzo. Mentre qualcuno si è sentito più consapevole, un po' più comprensivo nei confronti della lotta che i genitori hanno affrontato per averlo. «Oggi ci sono così tante famiglie create grazie alla fecondazione assistita che sembra abbastanza normale», ha aggiunto Golombok.

Ma vent'anni fa, quando abbiamo iniziato questo studio, gli atteggiamenti erano molto diversi. Si pensava che avere un legame genetico fosse molto importante e che senza di esso le relazioni non avrebbero funzionato bene. Ciò che questa ricerca vuole dimostrare con dati scientifici è che avere figli in modi diversi o nuovi non interferisce con il funzionamento delle famiglie. Volere realmente dei figli sembra avere la meglio su tutto: questo è ciò che conta davvero.

Un aspetto specifico indagato nel primo degli articoli citati, che ha coinvolto un sottoinsieme del campione composto di 35 giovani adulti, riguarda le modalità di accesso alle informazioni genetiche, un tema su cui ci si interroga in questo momento nel Regno Unito.

Nonostante le diverse esperienze nei contatti con i donatori e le donatrici di gameti o con le gestanti della GPA, la stragrande maggioranza dei giovani adulti che ha partecipato allo studio condivide sentimenti in gran parte simili, per lo più di tranquillità e perfino di disinteresse sulle proprie origini. Tra coloro che non erano in contatto con le persone che hanno fornito il corredo genetico o condotto la gravidanza, qualcuno si è detto ora desideroso di conoscerle, spinto dalla curiosità sul loro aspetto fisico, oppure sui motivi della scelta di donazione o GPA. Qualcuno li vorrebbe ringraziare. «La vicinanza del rapporto varia dall'essere amici sui social media, magari senza contatto attivo ma con la possibilità di vedere le notizie e le foto dell'altro, fino all'incontrarsi spesso». Si attraversa tutta la gamma delle possibilità: si va da chi non intende incontrarli fino a chi definisce i propri rapporti come stretti. Insomma, queste giovani persone non esprimono niente di diverso dai loro coetanei con un'esperienza più standard del venire al mondo, o magari con una storia di adozione.

Nel Regno Unito la gravidanza per altre persone è ammessa nella forma solidale già dal 1985 e quindi indagini come queste cominciano ad avere una base dati sufficiente, pur nell'inevitabile limite della dimensione del campione studiato e della perdita di adesione dei partecipanti nel corso del tempo.[3] Comunque, i risultati si vanno ad aggiungere a una prima raccolta di indagini sul benessere psicofisico di bimbi e bimbe partoriti da una donna estranea alla coppia e cresciuti dai propri genitori biologici, o nati grazie alla donazione di gameti. Un benessere su cui, come per tutti i bambini e le bambine, a incidere è la qualità e la quantità delle cure e dell'amore ricevuti e non le modalità con cui sono venuti al mondo. Studi che si spera possano contribuire a fugare i dubbi, ma anche i pregiudizi che ancora accompagnano l'idea di una nascita considerata meno naturale, e il timore (per alcuni la certezza) che questi bambini «strappati dal ventre materno per essere affidati a estranei» non possano che essere vittime di traumi permanenti.

Ineguali di fronte alla legge

Sul benessere dei bambini che arrivano dalle nuove tecnologie (come per tutti del resto) incidono in maniera cruciale la tranquillità e la certezza della propria famiglia di appartenenza, una condizione che purtroppo in Italia ha una lunga storia di diseguaglianze, anche all'interno dei più tradizionali rapporti familiari.

Nel codice civile del 1942 la discriminazione era sancita per legge con la distinzione tra i figli legittimi, nati da una coppia regolarmente sposata, e gli illegittimi, nati da genitori non sposati tra di loro. In qualche misura colpevoli di questa nascita fuori dalle regole costituite, i figli illegittimi subivano una discriminazione tanto lessicale quanto giuridica. Anche volendo, infatti, un genitore sposato non poteva riconoscere i figli nati da un rapporto extraconiugale e, a loro volta, i bambini e le bambine che non potevano essere riconosciuti non avevano alcun diritto di conoscere i propri genitori. La difesa della tanto decantata famiglia naturale, baluardo dell'ordine costituito, prevaleva su tutto: persone, volontà e desideri.

Nell'ambito dei figli illegittimi le distinzioni erano anche più fini e articolate: i «figli naturali» (nati da genitori non sposati né tra loro né con altri), anche se riconosciuti da uno o da entrambi, godevano comunque di diritti inferiori rispetto ai legittimi. Quelli «adulterini» potevano essere riconosciuti solo dal genitore non sposato, così che, se entrambi i genitori erano coniugati con un'altra persona, non avevano alcuna speranza di riconoscimento. Erano i famosi «figli di n.n.». Ed esistevano anche i figli «incestuosi», nati da persone con un rapporto di parentela, a loro volta esclusi dal riconoscimento formale. Tutte distinzioni che privavano di diritti bambini e bambine che avessero la disgrazia di trovarsele addosso, segnando un confine invalicabile tra le persone.

Dal momento che queste distinzioni avevano l'obiettivo di tutelare non solo la morale, ma soprattutto il passaggio dei patrimoni, non sono una peculiarità solo italiana, e si ritrovano anche nelle legislazioni di tanti altri paesi. Quello che cambia sono i tempi con cui si è intervenuti a modificare la legge e ad annullare le discriminazioni.

In Italia, a metà degli anni settanta del secolo scorso, sulla spinta delle trasformazioni sociali che cominciavano ad affermarsi, una prima riforma ha modificato il diritto di famiglia, ponendo al centro la tutela dell'interesse dei figli, tutti, seppur mantenendo ancora qualche privilegio riservato ai soli legittimi. Dobbiamo perciò arrivare al 2013, con la riforma della filiazione, per far scomparire definitivamente i concetti e le distinzioni tra figli naturali e figli legittimi, che diventano finalmente tutti semplicemente «figli».[4]

La dozzina (scarsa) di anni successivi a questa modifica legislativa è stato comunque un periodo ricco di discussioni, tentativi di ulteriori modifiche e di riforme e controriforme, di approvazione di leggi come la Cirinnà sulle unioni civili, che hanno un riverbero sulla realtà delle famiglie, ma che non si risolvono in un quadro unico e coerente, in grado di tutelare per intero i diritti e il benessere di tutte le persone, soprattutto i bambini e le bambine.

Troppo spesso prevale un approccio ideologico che insegue modelli astratti di famiglia, cercando di forzare in questa gabbia la vita delle persone, invece di dare corpo al cosiddetto «diritto vivente», quello che si radica nel contesto storico e nella realtà sociale del momento in cui si legifera. E pensare che è la stessa Corte costituzionale ad affermare che «la Costituzione non può tollerare una concezione della famiglia nemica delle persone e dei loro diritti».[5]

Nemica delle persone: esattamente quello che sta succedendo con lo scontro sulla filiazione dei bambini e delle bambine figli di un percorso eterologo tra persone dello stesso sesso, nel caso di due madri, o di gravidanza per altre persone, nel caso di due padri. A rendere particolarmente odioso l'attuale approccio dell'Italia è il fatto che in questa battaglia ideologica si colpiscono i bambini per punire i genitori. E che questa linea di condotta non sia frutto di una scarsa consapevolezza, di uno smarrimento dei termini di una questione complicata, lo dimostra il fatto che lo stesso approccio nemico delle persone sottende le scelte sul mantenimento dei bambini in carcere insieme alle loro mamme detenute.

Si celebra l'Italia come il paese delle mamme e dei bambini, ma l'insipienza, spesso l'assenza, di politiche a sostegno delle persone che vorrebbero fare figli ci mantiene ai primissimi posti nelle classifiche sulla denatalità, mentre l'inutile crudeltà di certe scelte porta a chiedersi se l'Italia non sia, in effetti, un paese *contro* i bambini e le bambine.

Battaglie legali, per il bene di chi?

Ci sono diversi pronunciamenti pesanti, come quello della CEDU, la Corte europea dei diritti dell'uomo, che ricorda:

> un divieto di GPA più o meno esteso non può comunque comportare come conseguenza indiretta l'impossibilità assoluta di tutelare l'identità dei minori nati tramite GPA all'estero, negando cioè loro il riconoscimento della relazione con entrambi i genitori intenzionali.[6]

Oppure un richiamo etico, espresso per esempio dal già citato documento delle Chiese evangeliche, che definisce come «eticamente inammissibile qualsiasi norma di legge che, a scapito dell'interesse del minore, per disincentivare la pratica della GPA faccia ripercuotere negativamente sul nato le condotte degli adulti che hanno scelto di utilizzare la GPA».[7]

C'è poi la procedura avviata dall'Unione europea per arrivare a un certificato europeo di filiazione, allo scopo di armonizzare le norme del diritto internazionale per quanto riguarda i figli, riconoscendo a tutti i medesimi diritti e il medesimo status, che ha visto l'Italia schierarsi contro.[8]

In sostanza a dicembre 2022 la Commissione UE ha proposto che il rapporto di parentela accertato tra genitori e figli in uno Stato membro dell'UE sia riconosciuto «in tutti gli altri Stati membri, senza nessuna procedura specifica». Attualmente le regole UE prevedono che il rapporto di filiazione riconosciuto in uno Stato membro consenta, per esempio, l'accesso al territorio e il diritto di soggiorno in altri paesi UE, ma non altri diritti, come quelli relativi alla successione o la rappresentanza legale di un minore, per esempio a scuola o per esigenze di salute. Negli equilibri europei il diritto familiare è una competenza nazionale, per questo si ritrovano leggi differenti e il non trascurabile rischio che nascano ostacoli per le famiglie che si spostano all'interno dell'Unione. Per esempio, se la filiazione non viene riconosciuta automaticamente nello Stato di residenza scelto dalla famiglia, i genitori si vedono costretti ad avviare procedimenti che possono essere lunghi, complicati, costosi e con risultati incerti. Con un numero crescente di famiglie che si spostano all'interno dell'UE per motivi di turismo o soggiorno, o che stabiliscono beni o affetti in un altro Stato membro, è comprensibile che la spinta sia quella di armonizzare le procedure, semplificando la condivisione degli approcci giuridici e garantendo maggiore chiarezza e certezza dei percorsi.

A tutte queste sollecitazioni l'Italia sta facendo resistenza: non solo è intervenuta bocciando la proposta di certificato europeo – che vuol dire bloccarla per il momento, perché questo tipo di provvedimenti richiede l'unanimità –, ma si oppone accusando il certificato europeo di filiazione di essere una sorta di cavallo di Troia per liberalizzare la GPA. Sul fronte giuridico l'Italia invoca i principi di sussidiarietà e di proporzionalità, i quali stabiliscono che, nelle aree in cui l'Unione non abbia competenza esclusiva, può intervenire solo se gli obiettivi dell'azione proposta non possono essere raggiunti dallo Stato membro. Come dire: «non impicciatevi, ci pensiamo noi». Sembra una delle classiche contrapposizioni tra la spinta dell'UE verso una condivisione sempre maggiore di ambiti e competenze e la controspinta dei singoli Stati che vogliono mantenere spazi d'azione propri.

Ma quanto è reale il timore che il certificato europeo di filiazione indebolisca la fiera opposizione alla gravidanza per altre persone del nostro paese? Il rischio di immediate ripercussioni, soprattutto per le coppie dello stesso sesso, non sembra molto alto, perché le barriere alla pratica della GPA negli Stati membri sono comunque numerose. Accogliendo il certificato europeo si sarebbe invece semplificato il processo di riconoscimento per molte famiglie e tentato di proteggere i diritti dei minori in situazioni complesse che solo in minima misura hanno a che fare con le coppie omogenitoriali. Insomma, si è preferito sacrificare il benessere dei bambini e delle loro famiglie allo scopo di danneggiare una minoranza di persone i cui diritti, peraltro, dovrebbero comunque essere tutelati.

Bambini e bambine a rischio di perdere la famiglia

Che l'opposizione alla proposta del certificato europeo di filiazione non sia solo una disputa giuridica sulle competenze, ma un presupposto per la battaglia contro le famiglie arcobaleno, diventa ben chiaro quando nel gennaio 2023 il Ministero dell'Interno, con una circolare ai prefetti, richiama una sentenza della Cassazione del dicembre 2022 contraria al riconoscimento automatico dei genitori dello stesso sesso. Due mesi dopo si muove il prefetto di Milano, che con una circolare ai comuni chiede che non vengano più rilasciati nuovi certificati anagrafici di figli di coppie dello stesso sesso, come invece diversi sindaci, a cominciare da quello di Milano, stavano facendo. Il riferimento è alla sentenza n. 38162 della Corte di Cassazione, che ha bloccato le trascrizioni dei certificati di nascita dei figli di due padri se nati all'estero tramite GPA.[9]

La sentenza, che diventa il testo sempre richiamato per sostenere le azioni di contrasto alla gravidanza per altre persone, stabilisce che «la tutela del nato non si realizza attraverso l'automatica trascrizione dei provvedimenti stranieri che riconoscono lo stato di filiazione, ma mediante il ricorso del genitore d'intenzione all'adozione in casi particolari». In altre parole, lo stato di filiazione in questi casi non può avvenire con la sola trascrizione all'anagrafe, che è un semplice atto amministrativo e quindi di competenza del sindaco, ma mediante lo strumento dell'adozione in casi particolari, che richiede un processo giuridico. Come dire: «di questa coppia non ci fidiamo, proviamo a rendergli la faccenda più complicata, se resiste comunque, allora vuol dire che ha intenzioni serie».

L'intento persecutorio è talmente palese che, già alla fine dello stesso mese di marzo 2023, il Parlamento europeo approva un emendamento alla relazione sullo Stato di diritto nell'UE del 2022, condannando la decisione del governo italiano in quanto discriminatoria nei confronti delle coppie dello stesso sesso e dei loro figli.[10]

Ciononostante, poche settimane dopo anche la procura di Padova rende noto di voler impugnare 35 certificati di nascita relativi a 35 coppie di mamme, registrati dal sindaco Sergio Giordani a partire dal 2017. Addirittura un'azione a ritroso, che di fatto cancella il cosiddetto «genitore 2», la mamma non biologica, dallo stato di famiglia, rettificando anche il cognome del bambino o della bambina. Arriva ancora dalla Corte di Cassazione il riferimento normativo che supporta l'intervento della procura, è l'ordinanza del 4 aprile 2022, n. 10844 che ha stabilito che

> non è accoglibile la domanda di rettificazione dell'atto di nascita volta a ottenere l'indicazione in qualità di madre del bambino, accanto a quella che l'ha partorito, anche della donna a costei legata in stabile relazione affettiva, poiché in contrasto con la legge n. 40/2004, art. 4, comma 3, che esclude il ricorso alle tecniche di procreazione medicalmente assistita da parte delle coppie dello stesso sesso.[11]

Dunque, non solo la gravidanza per altre persone, il cui divieto rende altrettanto non applicabile la domanda di riconoscimento per le coppie omogenitoriali maschili, ma anche la fecondazione eterologa per coppie di donne è pratica vietata da quella legge 40 che già ha dovuto rettificare molti suoi articoli perché giudicati anticostituzionali.

C'è da chiedersi: perché negare la fecondazione eterologa per una coppia di donne in cui magari una fornisce l'ovocita (che sarà fecondato da un donatore) e l'altra porta avanti la gravidanza? E comunque, una volta nato il bambino o la bambina, perché solo una delle due donne deve ottenere immediatamente la patente di madre? Ebbene, nel nostro paese la paternità genetica è riconosciuta agli uomini, il cui contributo biologico in questo percorso procreativo si limita alla fornitura di sperma, mentre la maternità è riconosciuta solo alla gestante, anche se non è madre biologica. Una bella botta di patriarcato che lega indissolubilmente l'idea di gestazione con quella della maternità. Così la seconda donna, quella che pure partecipa al progetto genitoriale con la sua compagna, si vede respinta sullo sfondo, nel ruolo di «genitore intenzionale» e nell'obbligo di vedersi riconosciuta come tale.

E che eccesso di zelo quello della procura di Padova, che addirittura intende intervenire in modo retroattivo per togliere ai bambini e alle bambine uno dei genitori. Difficile sostenere che sia fatto per il loro bene. «La giovane età della bambina esclude che la modifica del cognome, come richiesto, possa avere ripercussioni sulla sua vita sociale», argomentano tuttavia dalla procura. Davvero possiamo pensare che per la piccola non ci sarà nessun problema se una delle sue mamme sarà di colpo definita pubblicamente meno mamma dell'altra? Se non potrà più andare a prenderla a scuola senza una delega dell'altra mamma, non potrà accompagnarla dal medico o assisterla in ospedale senza esplicite autorizzazioni, non potrà viaggiare con lei da sola in piena tranquillità? Altroché se la vita sociale di questa bambina subirà un cambiamento, soprattutto quando qualcuno le dovrà spiegare perché sta succedendo tutto questo.

Non per niente Stefano Rodotà ricordava quanto pericoloso possa essere il diritto «quando incontra la vita delle persone e si comporta come se non esistesse».[12]

Diritti negati

Degli oltre 25 milioni di famiglie che vivono oggi in Italia, quelle cosiddette monoparentali sono il 4%, ma rappresentano il 12,5% di quelle con figli. Quante siano le famiglie omogenitoriali non si sa perché finora nessuno le ha contate, sono persone prive di rappresentanza e di diritti, altro che «supremo interesse del minore». Gli interventi per bloccare le registrazioni alla nascita, così come lo stato giuridico non uniforme delle famiglie omogenitoriali, sono possibili perché l'Italia, a differenza della maggior parte dei paesi europei, non ha mai varato una specifica legge di tutela.

L'ormai celebre sentenza della Cassazione numero 38162 sulla gravidanza per altre persone si spinge ad affermare: «Quali che siano le modalità della condotta e gli scopi perseguiti offende in modo intollerabile la dignità della donna e mina nel profondo le relazioni umane». Forse con un pizzico di schizofrenia, la stessa sentenza tuttavia afferma che «Il nato non è mai un disvalore [...] non ha colpa della violazione del divieto di surrogazione di maternità ed è bisognoso di tutela come e più di ogni altro». Un richiamo, questo, alla politica perché intervenga a legiferare: su questo fronte, tuttavia, nessun intervento per ora è pervenuto.

La Corte costituzionale ha stabilito anche che la tutela dell'interesse del minore passa attraverso il riconoscimento giuridico del legame con entrambi i componenti della coppia. Tuttavia, la mancanza di una legge fa sì che le famiglie siano nelle mani dei giudici, delle interpretazioni e delle battaglie politiche.

L'unico strumento per il cosiddetto genitore intenzionale di essere riconosciuto come tale rimane l'adozione in casi particolari (nell'ambito della legge n. 184 del 1983), che tuttavia, come suggerisce il nome, prevede una serie di casi specifici in cui un genitore non biologico può adottare il figlio o la figlia del compagno o della compagna. Comunque, a differenza dell'adozione legittimante, non rappresenta una genitorialità piena e richiede una procedura giudiziaria. Nel caso di una coppia di mamme lesbiche, per esempio, la madre che non ha partorito deve fare un'istanza al Tribunale per i minorenni per riconoscere il legame con il figlio nato di cui è madre, che ha voluto far nascere con il consenso alla fecondazione eterologa, e di cui si è presa cura fin da prima che venisse al mondo. Il Tribunale deve vagliare il rapporto tra madre e figlio, delegando agli assistenti sociali la verifica della sua idoneità genitoriale. La madre intenzionale deve dimostrare di avere i requisiti emotivi e patrimoniali per prendersene cura, mentre quella che ha partorito deve dare il consenso all'adozione e per portarla a termine ci vogliono mesi e spesso anni. E per tutto questo percorso il bambino o la bambina ha giuridicamente un genitore solo. La situazione per i papà di bambine o bambini arrivati al mondo tramite la gravidanza per altre persone è simile, ma oggi nel nostro paese sconta uno stigma in più.

Insomma, si tratta di un percorso difficile, lungo e per nulla scontato, poiché il giudice, alla fine, può dare anche un parere negativo. Inoltre, l'adozione ha un costo che può arrivare anche a 5000 euro, mentre la trascrizione in comune è gratuita. E così introduciamo un'altra diseguaglianza in un paese che già ne conta tante. Diseguaglianze che non sono solo economiche, ma anche di trattamento tra le coppie omogenitoriali e quelle etero, che a loro volta possono aggirare il divieto italiano e rivolgersi all'estero per un percorso di gravidanza per altre persone. La vulgata dice che quelle etero rappresentino l'80-90% delle coppie che praticano la GPA (e quanto servirebbero dati certi!), solo che non è altrettanto facile riconoscerle. Tuttavia, la diseguaglianza di trattamento è palese e ingiustificata, tanto che nel giugno 2024 il Tribunale di Lucca ha chiesto alla Consulta di intervenire all'origine e dichiarare incostituzionali anche gli articoli 8 e 9 della legge 40, cioè quelli che riconoscono i bambini nati con la donazione di gameti solo a condizione che i genitori siano di sesso diverso.[13]

Insomma, il supremo benessere del bambino rimane per ora solo sulla carta, mentre gli atti, quando ci sono, continuano a essere discriminatori. Scrive Donatella Stasio, giornalista e grande esperta di Corte costituzionale:

> Il ministro della Giustizia Carlo Nordio va a Lussemburgo e sventola le sentenze della Corte costituzionale e della Cassazione per dimostrare che l'Italia proprio non può condividere la proposta di regolamento UE sul riconoscimento automatico della genitorialità di coppie omosessuali già accettata da altri Stati membri dell'Unione europea, perché quelle sentenze lo escludono [...] Ma quelle sentenze vengono richiamate solo quando fa comodo alla furia ideologica di un governo che calpesta i diritti, in particolare delle minoranze e delle persone fragili.[14]

In Italia, quindi, rimane un vuoto normativo grave per quanto riguarda il riconoscimento dei figli nati al di fuori delle famiglie tradizionali. Nel 2021 la Corte costituzionale ha ribadito con una sentenza la sua critica al Parlamento, sottolineando che non è «più tollerabile il protrarsi dell'inerzia legislativa», e ha chiesto alla politica di riconoscere la genitorialità sociale, anche quando non coincide con quella biologica, perché in una famiglia i legami di questa natura sono un requisito da prendere in considerazione. La Corte ha insistito che il

> parlamento debba al più presto colmare il vuoto di tutela, a fronte di incomprimibili diritti dei minorenni, e auspicato una disciplina della materia che individui le modalità di riconoscimento dei legami affettivi stabili del minorenne, nato da procreazione medicalmente assistita praticata da coppie dello stesso sesso, nei confronti anche della madre intenzionale.[15]

L'invito è a rendere rapido, non oneroso, certo ed efficace il diritto al riconoscimento di questi bambini. Cosa che, per il momento, non è.

Peraltro oggi, quando una coppia omosessuale arriva alla fine di una strada lunga, costosa e complicata, non può nemmeno condividere la gioia di sentirsi finalmente riconoscere entrambi come «genitori», perché sui documenti si può scrivere solo mamma e papà. Cornuti e mazziati, si dice a Napoli.

IL FILM. *Coppie come tutte le altre*

Il filo invisibile, regia di Marco Simon Puccioni, con Filippo Timi, Francesco Scianna, Francesco Gheghi, Matteo Oscar Giuggioli. Italia, 2022.

Leone ha sedici anni e due papà. Insieme a un amico lavora a un saggio di fine anno in cui illustrerà la storia della sua famiglia, ma vive anche le incertezze e le speranze di una cotta per Anna, una compagna di classe. Simone e Paolo, i suoi genitori, finalmente riconosciuti come sposati, hanno voluto Leone, portato in grembo da Tilly, generosa amica americana che ha condotto la gravidanza. Tilly vive negli Stati Uniti insieme al suo compagno, ma partecipa alle vicende degli amici italiani. Fino a quando un tradimento non scatena quelle gelosie e quelle battaglie in cui gli adulti sembrano perdere ogni ragionevolezza. Il giovane Leone, già alle prese con la difficoltà di trovare il proprio posto nel mondo, vive così anche la crisi dei genitori con tutti i turbamenti, lo sconcerto e la rabbia che può provare un adolescente. Alla fine, tuttavia, genitori e figlio riusciranno a ritrovarsi in un nuovo equilibrio.

7. Un reato (quasi) universale

In principio gli obiettivi erano davvero ambiziosi: vietare sempre e comunque il ricorso alla gravidanza per altre persone decretandone la natura di reato universale. Poi qualcuno ha fatto notare che questo avrebbe voluto dire, per esempio, arrestare Elon Musk in visita alla premier Meloni in quanto padre di bambini ottenuti per GPA.

Fortunatamente il Parlamento è stato dispensato dal discutere la proposta n. 887 (Varchi e altri) che avrebbe reso perseguibile questo reato da chiunque lo avesse commesso all'estero: in un ordinamento improntato al principio dell'obbligatorietà dell'azione penale, l'estensione della legge penale italiana a chiunque avesse commesso il fatto all'estero si sarebbe tradotta in una disposizione ai limiti del ridicolo, coinvolgendo nella responsabilità penale non solo gli stranieri committenti, ma anche i gestori della clinica, in ragione della disciplina del concorso di persone.[1]

Così afferma Marco Pelissero, ordinario di Diritto penale all'Università di Torino, riferendosi alla prima versione della proposta di legge che vede Maria Carolina Varchi, parlamentare di Fratelli d'Italia, prima firmataria. Proposta che peraltro, nella formulazione originale, includeva di vietare anche il commercio dei gameti, intervenendo anche in questo caso su un divieto già esistente e chiudendo gli occhi sul fatto che i centri di PMA, anche quelli pubblici, sono costretti a rivolgersi alle banche estere di ovociti e spermatozoi per ovviare alla estrema penuria di gameti donati.[2] Un'intenzione evidente di impedire nei fatti la procedura eterologa di procreazione medicalmente assistita, vietata dalla legge 40 nel suo impianto originale e introdotta nel 2014 in virtù di una sentenza di incostituzionalità.

Nel corso del tempo le pretese si sono via via ridotte e, nel momento in cui scrivo, il testo della proposta di legge, approvata dalla Commissione Giustizia del Senato il 3 luglio 2024 e in attesa del passaggio definitivo a legge, nel suo unico articolo recita così: «Se i fatti di cui al periodo precedente, con riferimento alla surrogazione di maternità, sono commessi all'estero, il cittadino italiano è punito secondo la legge italiana».[3] Un bel ridimensionamento, non c'è che dire, alle pretese di imporre a tutto il globo terracqueo la propria visione legislativa, a questo punto al massimo si può parlare di reato «quasi» universale.

Tuttavia, anche in questa forma sono numerosi i pareri che considerano la proposta di legge irragionevole nell'impianto giuridico e impraticabile nei fatti.

Più simbolica che pratica

Con queste parole Marilisa D'Amico, professoressa ordinaria di Diritto costituzionale all'Università degli studi di Milano, commentava già nel 2023 l'intento della proposta di legge:

Siamo di fronte all'ennesimo caso di utilizzo meramente simbolico del diritto penale, cioè di un intervento legislativo che, lungi dall'assolvere alla funzione di prevenire e reprimere la condotta oggetto di sanzione, si risolve in una mera proclamazione di disvalore nei confronti della pratica oggetto di censura, sprovvista però di reale efficacia sul piano concreto.[4]

Marco Pelissero conferma:

Mi pare che la disciplina soffra di una ineffettività «in partenza» che ne rivela il carattere essenzialmente simbolico: dissuadere le coppie che si rivolgono alle cliniche nei paesi dove la pratica è pienamente lecita. L'idea del reato universale mostra il volto di un diritto penale che vuole imporre un messaggio morale, ma l'inefficacia della norma trasforma la norma in messaggio morale di squalificazione sociale di chi a quella pratica accede.

Certamente la giurisprudenza è fatta anche, forse soprattutto, di interpretazioni, perciò non è impossibile rintracciare posizioni tecniche favorevoli alla proposta, come per esempio quella di Carmelo Domenico Leotta, avvocato cassazionista e associato di Diritto penale all'Università europea di Roma, che in un confronto proprio con Pelissero sottolinea:

La proposta di legge ha l'obiettivo di rafforzare la tutela penale contro il delitto di surrogazione di maternità, già punito dall'art. 12, comma 6 della legge 40, non più ricorrendo, come si era inizialmente proposto, all'introduzione di un cosiddetto «reato universale», cioè di un fatto punibile da chiunque commesso in qualsiasi luogo, bensì agevolando, nei termini in cui si dirà, le condizioni di applicabilità della legge penale italiana per il delitto commesso dal cittadino all'estero.[5]

Si tratterebbe, insomma, di rendere più facile perseguire quei nostri concittadini che intendono comunque diventare genitori, pur sapendo che la pratica che intendono realizzare è fuori legge nel nostro paese. Leotta ci aiuta a mettere a fuoco che un percorso di gravidanza per altre persone realizzato in parte in Italia e in parte all'estero è già oggi punibile dalla legge penale italiana, perché è sufficiente che si sia realizzata anche solo una porzione del percorso e quindi, almeno in teoria, è sufficiente che in Italia si sia perfezionato anche solo l'accordo tra i genitori intenzionali e la donna disponibile alla gestazione. Lo stesso Leotta, tuttavia, riconosce:

> A ben vedere, la possibilità, de jure condito, di applicare la norma penale vigente ai fatti commessi in parte in Italia in parte all'estero si rivela più ipotetica che reale [...] il che comporta che, per poter efficacemente inibire, attraverso la legge penale, la pratica in questione, si debba necessariamente percorrere una differente via, sondando gli spazi di applicazione della legge penale italiana per il delitto comune commesso dal cittadino interamente all'estero.

Come dire: cerchiamo di trovare il modo di punire ciò che è reato in Italia anche dove reato non è.

Il principio di territorialità

A rendere difficoltosa l'applicazione della legge penale italiana all'estero sta il principio di territorialità, che definisce che il diritto penale italiano è applicabile solo entro i limiti dei confini dello Stato (art. 6,

c. 1, codice penale). Lo stesso codice penale, è vero, prevede alcune, poche, deroghe: quando all'estero il cittadino italiano compia atti che ledono interessi fondamentali dello Stato (per esempio «falsità in monete e sigilli dello Stato», esplicita il codice), oppure delitti commessi da pubblici ufficiali a servizio dello Stato.

Un altro tipo di deroga riguarda la possibilità che una persona commetta atti contrari alla tutela di beni e di valori riconosciuti di interesse per la comunità internazionale, per esempio atti di genocidio o di terrorismo. In quel caso si tratta di un reato commesso all'estero, a danno della comunità internazionale nel suo complesso, e chi lo commette può essere perseguito nel proprio paese. L'articolo 7 del codice penale (art. 7, c. 1, n. 5 c.p.) stabilisce, infatti, che sia «punito secondo la legge italiana il cittadino o lo straniero che commette in territorio estero» un reato per il quale «disposizioni di legge o convenzioni internazionali stabiliscono l'applicabilità della legge penale italiana». Il nodo è qui: se la gravidanza per altre persone fosse considerata a livello internazionale alla stregua di atti di genocidio o terrorismo, allora sì che si potrebbe ragionare di reato universale. Dapprima, tuttavia, ci vorrebbe una sentenza di condanna della Corte penale internazionale. Sembra comunque difficile ipotizzare di poter perseguire qualcuno per infrazioni a convenzioni internazionali a cui la nazione dove vengono compiute non ha aderito.

Esiste, infine, un'ultima deroga al principio di territorialità (prevista dall'articolo 9 del codice penale), e cioè che una persona italiana possa essere perseguita se il fatto commesso all'estero è punito dalla legge italiana con la pena dell'ergastolo o con la reclusione non inferiore a tre anni. La pena prevista per la GPA, però, arriva al massimo a due anni di reclusione, a questo punto un giudizio potrebbe aver luogo solo dietro specifica richiesta da parte del ministro della Giustizia (caso per caso). Forse anche per questo l'emendamento alla proposta di legge del leghista Massimiliano Romeo proponeva di portare a dieci anni la pena prevista (emendamento bocciato, comunque).

A rendere improbabile la possibilità di applicare la nostra legge penale, se i fatti sono commessi fuori dall'Italia, c'è anche la giurisprudenza, inclusa quella della Cassazione, che ha più volte stabilito che l'estensione della punibilità di determinati reati commessi all'estero è possibile solo quando c'è la doppia incriminazione, cioè quando quel comportamento è reato anche nel paese in cui viene commesso dal cittadino italiano.

Insomma, al di là delle dichiarazioni altisonanti, il fatto che la GPA sia possibile in molti ordinamenti rende palese che non si tratta di un reato cosiddetto «cosmopolita», perciò la pretesa che la proposta di legge sia rivolta a tutelare un valore riconosciuto come universale appare anche viziata da irragionevolezza, il che la espone al rischio di un giudizio di incostituzionalità. E abbiamo visto quanto spesso la Corte costituzionale sia dovuta intervenire a rettificare scelte normative inopportune in tema di procreazione medicalmente assistita.

Quel reato universale che non c'è

Alla fine, dunque, l'ostacolo maggiore al riconoscimento della GPA come reato universale è, semplicemente, il fatto che non lo è.

Non è facile avere un quadro certo delle situazioni legislative, né del livello di applicazione delle indicazioni di legge, comunque secondo l'Associazione Luca Coscioni sono ormai 65 gli Stati che hanno legalizzato la gravidanza per altre persone, di questi 35 nella forma solidale, mentre in altri Stati esistono procedure in assenza di una legge.[6] Per fare qualche esempio: in Armenia, Bielorussia, Georgia, Russia, Ucraina, Sudafrica, la gravidanza per altre persone è ammessa a fini commerciali oltre che solidaristici. Regno Unito, Israele, Romania, Brasile, Portogallo, Argentina, Bangladesh, Thailandia, Australia, Grecia, Canada, Belgio e, ultima arrivata, l'Irlanda, la riconoscono solo nella versione solidale e gratuita. C'è poi l'esperienza statunitense, dove la legislazione è diversa a seconda dei singoli Stati, e quelle di India e Nepal, che hanno modificato la legge in senso restrittivo, consentendo la gestazione per altri anche retribuita, ma non agli stranieri.

Quello che emerge, dunque, è un mosaico di realtà, consolidate ormai da decine di anni, in cui sono nate e cresciute persone, si sono create famiglie che prima non c'erano, sviluppati rapporti umani e relazioni. Certamente si sono messi in moto anche interessi economici, a fronte di costi che riguardano l'intera procedura e che, a seconda dei paesi e delle prassi, gravano sui sistemi sanitari in tutto o in parte, e certamente anche sulle persone coinvolte. Se ci pensiamo, questo succede per qualsiasi trattamento sanitario.

Così, per affrontare in maniera il più possibile libera da pregiudizi il tema di una qualsiasi regolamentazione della gravidanza per altre persone, bisogna cominciare col prendere per le corna il toro della presunta incompatibilità tra la GPA e i diritti umani. Gli autori della proposta di legge Varchi richiamano i termini utilizzati dalla Corte costituzionale nella sentenza 272 del 2017, che afferma che la «maternità surrogata offende in modo intollerabile la donna e mina nel profondo le relazioni umane». Ed è in forza di questo apparentemente inattaccabile dato di fatto che i promotori della proposta di legge vedono per l'Italia il ruolo di paese che può capitanare una revisione internazionale che finalmente la renda un crimine universale. Ma chi lo dice che la gravidanza per altre persone non solo offende la donna in maniera intollerabile, ma mina nel profondo le relazioni umane? Quanto si avverte in questa formulazione l'eco della dottrina cattolica, che trasforma in affermazioni di principio una visione teologica, ignorando il contributo scientifico alla conoscenza e alla definizione del fenomeno? Chi tiene conto della realtà scientifica, come hanno fatto i legislatori irlandesi o la Commissione di studio delle Chiese evangeliche per i problemi etici posti dalla scienza, non arriva affatto a queste conclusioni.[7] Così come non ci arrivano tutti quei paesi che hanno normato in favore di una GPA solidale.

Anzi, a livello internazionale l'orientamento prevalente è ormai quello di vigilare e costruire le condizioni perché non si verifichino abusi o violazioni dei diritti umani e non quello di vietare a priori, come abbiamo visto per esempio a proposito della direttiva dell'Unione europea contro la riduzione in schiavitù degli esseri umani, che inserisce solo «lo sfruttamento della "maternità surrogata" come un ulteriore tipo di sfruttamento, prendendo di mira coloro che costringono o ingannano le donne a diventare madri surrogate».[8]

Nella stessa direzione vanno le Nazioni Unite, cioè la sede più rappresentativa per verificare l'esistenza di qualsiasi tipo di consenso internazionale a criminalizzare la gravidanza per altre persone. Argomenta Carmelo Danisi, professore di Diritto internazionale, in un'analisi complessiva sulla GPA come reato universale:[9]

> Appaiono significativi i lavori della Special Rapporteur sulla vendita e lo sfruttamento sessuale dei bambini, ossia l'unico organo che finora ha dedicato un'attenzione specifica al tema.[10] Mentre nel 2016 l'allora Special Rapporteur Maud de Boer-Buquicchio esprimeva forte preoccupazione sul ricorso alla GPA per via delle possibili conseguenze in termini di adozioni illegali, le successive raccomandazioni espressamente elaborate sulla tutela dei fanciulli nati attraverso la GPA presentano posizioni più articolate. [...] sulla base del riconoscimento della GPA come una delle modalità di procreazione per coloro che non possono avere figli in altro modo, gli stessi lavori non rigettano la GPA a priori. Anzi, attraverso le raccomandazioni in essi contenute, la Special Rapporteur ha invitato le Parti a regolamentare la GPA poiché, oltre alla forma cosiddetta altruistica che non comporta in via di principio la vendita di minori, se adeguatamente disciplinata, anche la «commercial surrogacy may not constitute sale of children if it is closely regulated in compliance with international human rights norms and standards».[11]

Anche per quanto riguarda le esigenze di tutela della donna, si tratta di trovare un equilibrio: da una parte mettere a punto gli strumenti legali e sociali per contrastare le pratiche lesive della dignità individuale, dall'altra evitare «una limitazione dell'autonomia decisionale delle donne o dei loro diritti alla salute sessuale e riproduttiva», per dirla ancora con la Special Rapporteur delle Nazioni Unite. Un'apertura forte che pone sul tavolo della riflessione quello che rimane il punto più controverso, e cioè in virtù di quali considerazioni proibire a una donna che lo sceglie liberamente di offrire a pagamento un servizio che implica l'utilizzo del proprio corpo, della propria capacità riproduttiva.

> Mi pare evidente che il problema etico della remunerazione della gravidanza surrogata sia identico per natura a quello di qualunque prestazione estrema di vita che si fa in cambio di denaro [...]. Se ne possono limitare i danni? Certo che sì, ma rifiutare di riconoscere che siamo già dentro un mercato non è forse il modo più costruttivo per cominciare a farlo.[12]

Così scrive Michela Murgia, che nel suo libro uscito postumo dedica diversi capitoli a discutere aspetti e implicazioni della gravidanza per altre persone.

Infine, c'è un ulteriore aspetto da considerare. Con la sentenza 33 del 2021 la Corte costituzionale aveva sollecitato il legislatore ad adottare una disciplina che dia ai bambini nati da GPA maggiori garanzie di quelle offerte dall'adozione in casi particolari.[13] Come abbiamo visto, non solo quel vuoto normativo non è stato riempito, ma anzi si è in qualche modo tornati indietro, cercando di disconoscere anche le filiazioni già esistenti delle coppie omogenitoriali.

Siamo prossimi quindi a una nuova legge più punitiva, senza aver rafforzato la tutela dei bambini venuti al mondo a seguito di GPA, come aveva invece chiesto la Consulta. Anzi, usando questa severità verso i bambini nell'intento di dissuadere nuovi, futuri genitori.

Ne scaturisce così un conflitto tra i tribunali, i sindaci e le procure, un segnale non solo degli effetti negativi di un approccio che usa una legge per combattere una battaglia ideologica, ma anche del fatto che non tutti gli attori sociali sono disposti a sottoscrivere prassi che non ritengono legittime. A danno di tutti.

Il semplice buon senso

Chi si assume la responsabilità di dire ad altre persone che non hanno «diritto» a essere genitori, propone spesso come soluzione alternativa il ricorso all'adozione. E forse questa proposta, apparentemente di buon senso, è tra quelle più crudeli e lontane da un approccio che tiene davvero al bene dei bambini e delle bambine. Non solo per le note difficoltà e lungaggini burocratiche, ma perché la scelta di adottare dovrebbe avere come primo fine quello di dare una famiglia a chi non ce l'ha. L'interesse etico prioritario dovrebbe essere quello di rimediare all'impossibilità di crescere con i propri genitori e non una soluzione di riserva per chi non ha modo di avere una propria discendenza biologica.

Al contrario, la gravidanza per altre persone è una tecnica biomedica di procreazione assistita che grazie alla fecondazione eterologa può consentire a una coppia proprio quella appartenenza genetica che per alcune persone è importante. Richiede di essere normata per quella che è, non sulla base di spinte ideologiche, ma avendo ben chiaro l'intento di tutelare tutti gli attori in campo: i donatori, la gestante, i genitori intenzionali e i bambini.

La strada del reato universale non è realistica né praticabile, anzi, come sempre avviene con le leggi restrittive in un paese, apre al mercato parallelo e illegale dove il rischio di abuso e sfruttamento è certamente più ampio. E dove si alimentano e si approfondiscono le diseguaglianze tra chi dispone di mezzi e chi no. Proprio come è successo per anni con l'aborto, prima che la legge 194 lo regolamentasse. Ha scritto la giornalista Jennifer Guerra:

> Oggi consideriamo quella legge una conquista di civiltà e ricordiamo a chiunque sia contrario all'aborto che interrompere una gravidanza non è un obbligo. Allora come oggi, è evidente che in ogni scelta che riguarda il proprio corpo, è nell'indeterminatezza e nel divieto assoluto che nascono gli abusi.

Nel mese di aprile 2024 l'Associazione Luca Coscioni ha presentato una petizione, con oltre 10 000 firme raccolte, per chiedere che venga esaminata una proposta di legge per regolamentare in Italia la GPA nella formula solidale. La proposta di legge, scritta in collaborazione con esperti e con altre associazioni, si pone l'obiettivo di «evitare situazioni di incertezza normativa e di tutelare i diritti di tutti i soggetti coinvolti e, in particolar modo, dei minori nati a conclusione di tale percorso, anche attuato all'estero, nella piena legalità in osservanza di normative straniere», come si legge nell'introduzione.[14] Così spiega Filomena Gallo, segretaria dell'associazione:

> La nostra proposta di legge lascerebbe in vigore il divieto di commercializzazione e permetterebbe di controllare tutti i passaggi del percorso. Nel contempo, la proposta estende l'accesso alla fecondazione assistita anche a single e coppie dello stesso sesso, modificando così la legge 40. L'approvazione di questa legge è un'opportunità, per l'Italia, per confrontarsi con la realtà sociale odierna e allinearsi a standard progressisti già adottati in molti paesi europei.[15]

Il testo, documentato e articolato, prevede la regolamentazione di tutte le fasi della procedura della gravidanza solidale e altruistica in aderenza alle conoscenze scientifiche disponibili a oggi e da raccogliere per il futuro (per esempio l'articolo 8 prevede la creazione di un registro nazionale delle gestanti dedicato, tra l'altro, alla raccolta e all'analisi dei dati di salute).

Inoltre, la proposta stabilisce sia le caratteristiche degli aspiranti genitori, sia quelle delle gestanti: età, disponibilità di un reddito, essere madre di almeno un figlio, soprattutto stabilisce che non si possa condurre più di una gravidanza per altre persone. Altrettanto precise e dettagliate sono le condizioni di recesso dagli accordi presi per tutte le parti.

Possiamo pensare che anche questa sia una proposta di legge di bandiera (senza speranza, con l'inclusione di single e coppie dello stesso sesso!), con lo scopo di contrastare i presupposti e i contenuti ideologici di quella sul reato universale, ma certo è un esempio di come si può costruire una buona normativa: ascoltando le persone coinvolte e interessate, e guardando non solo alle normative e ai principi internazionali, ma anche allo spirito delle leggi.

Su un tema diverso, ma altrettanto divisivo e controverso, il fine vita, il giudice della Corte costituzionale Francesco Viganò nel 2020 ha registrato un podcast che tiene insieme ragionamento giuridico ed esperienza personale.[16] Un bel documento chiaro ed emozionante, che tra le altre cose ricorda come la compassione avesse guidato il collegio nelle sue decisioni.

«La condivisione di un'umana sofferenza non può e non deve mai essere estranea all'esperienza del diritto», afferma Viganò. È quello che si meriterebbe anche la gravidanza per altre persone.

IL FILM. *Tempi moderni*

Baby mama, regia di Michael McCullers, con Tina Fey, Amy Poehler, Greg Kinnear, Romany Malco, Dax Shepard, Maura Tierney, Sigourney Weaver, Steve Martin. USA, 2008.

Kate, single e imprenditrice di successo, ha dedicato la sua vita interamente al lavoro, mettendo da parte affetti e sfera privata. All'età di 37 anni desidera diventare madre, ma, non avendo un compagno, tenta un'inseminazione artificiale, scoprendo di essere sterile.

Decide così di rivolgersi ad Angie per una GPA. Dapprima poco convinta, la ragazza accetta, così potrà pagarsi gli studi. Mentre Kate si prepara alla nascita del futuro bambino, la sua attenta pianificazione verrà stravolta da Angie, che dopo essere stata sfrattata dal suo appartamento, si presenta alla porta di Kate, che preoccupata per il bambino decide di accogliere Angie in casa.

Una commedia leggera, che però ha tutti gli elementi del vivere di oggi.

Conclusioni
Il futuro

L'annuncio è del 16 ottobre 2023: la Regione Lombardia investe sulla natalità con uno stanziamento di quasi 14 milioni di euro.[1] Dichiara l'assessore al welfare Guido Bertolaso:

> Mettiamo in campo un programma di sviluppo regionale a 360 gradi per favorire la natalità e la salute riproduttiva, che prevede anche iniziative all'avanguardia, come la possibilità di crioconservazione dei gameti per le giovani coppie, visto che l'età media della prima gravidanza si sta innalzando sempre di più.

Così commenta, a sua volta, il bioeticista Maurizio Mori:

> Il programma varato in Lombardia è un fatto storico che merita di essere segnalato: vent'anni fa i partiti conservatori del centro-destra vietavano con nettezza la donazione dei gameti, ora non solo l'ammettono ma anche la favoriscono e la finanziano, non è che tra qualche tempo verranno a promuovere la gravidanza per altri, che oggi aborrono al punto che vogliono diventi «reato universale» perseguito in tutto il globo terracqueo?[2]

In effetti non mancano le spinte, economiche e sociali, che potrebbero portare a una revisione di quelle che sembrano oggi, per alcuni, posizioni inamovibili.

Poco più di un mese prima dell'annuncio lombardo, nel corso del consueto appuntamento organizzato dal Gruppo Ambrosetti a Cernobbio, si è discusso a fondo del problema della denatalità che rischia di abbattere l'economia e il futuro dei paesi occidentali, Italia in testa.[3]

Non ha usato mezzi termini Valerio De Molli, amministratore delegato di The European House – Ambrosetti, aprendo il Forum:[4] «L'inverno demografico sta ridisegnando il perimetro del mondo occidentale, con implicazioni di medio-lungo termine gravissime, verso le quali non si presta la dovuta attenzione». E siccome lo stare a guardare non è cosa per chi partecipa delle decisioni sui destini del mondo, il think tank, irrobustito dalla consulenza del demografo Alessandro Rosina e della sociologa Chiara Saraceno, ha presentato un dettagliato documento di analisi e proposte: *Rinascita Italia. Come invertire il trend demografico a beneficio del futuro del paese.*[5]

Tra le proposte, oltre alla revisione delle attuali politiche migratorie, c'è quella che riguarda il potenziamento dell'offerta e dell'accesso alla procreazione medicalmente assistita, sia attraverso un maggior sostegno economico, sia moltiplicando il numero delle strutture in grado di erogare interventi di PMA, ma anche prevedendo (udite, udite) l'accesso alla procreazione assistita per famiglie monoparentali e omogenitoriali, quindi anche alla gravidanza per altre persone (la proposizione è corredata di questa nota: «la proposta di allargamento degli individui con diritto di accesso alla PMA esula in questa sede da qualsiasi considerazione religiosa e politica, ed è da interpretarsi come mera azione a supporto dell'incremento della natalità del paese»).

Comunque di economisti si tratta e quindi, a supporto delle proposte, ci sono anche un paio di proiezioni: se l'Italia avesse la stessa incidenza di nati vivi tramite PMA della Spagna, in 8,5 anni si azzererebbe il gap degli ultimi 16 anni. E quanto ci costerebbe? «Sulla base di un costo medio stimato per singola PMA di 5000 euro e di un numero di tentativi necessari pari a 3, la spesa incrementale per il SSN ammonterebbe a circa 300 milioni di euro». Non c'è dubbio su dove stia il vantaggio.

Comunque, ai successivi Stati generali della natalità a maggio 2024, delle proposte del gruppo Ambrosetti non si è parlato, né per le politiche migratorie, né per quanto riguarda possibili interventi a sostegno della PMA, con l'implicazione di una potenziale apertura alla GPA. Al contrario, si è andati avanti sulla strada di una legge a contrasto e punitiva.

> La destra ha votato una legge che rende la gestazione per altri un reato universale, cercando di colpire con quel testo anche la fecondazione eterologa. Una politica miope, perché la GPA avrà comunque un incremento, nel nostro paese riguarda, potenzialmente, 160 000 coppie che non possono portare avanti una gravidanza e 40 000 coppie omosessuali. Non sarà la legge italiana a frenare questo nuovo esodo, lo sappiamo, non converrebbe allora, al di là delle posizioni di ognuno, normarla e renderla solidale?[6]

Così si interroga e ci interroga il ginecologo Carlo Bulletti. Arriveranno altri tempi?

La gravidanza per altre persone è un tema complesso, in questo libro ne abbiamo richiamato solo alcuni aspetti, che potrebbero certamente essere approfonditi e arricchiti meglio di così.

Diverse persone ci si possono riconoscere, altre al contrario schierarsi su fronti opposti e distanti. Quello che farebbe bene a tutti è la possibilità di un confronto vero, accettando la complessità e tentando un esercizio di comprensione dei punti di vista altrui. Ma per farlo bisogna voler entrare, per davvero, dentro le cose. «Se decidiamo di rimanere a un livello superficiale di comprensione, ci troveremo di fronte identità che ci appariranno monolitiche e omogenee, e ci faremo un'idea superficiale e distorta del nostro interlocutore», scrive così Gabriele Segre, esperto di temi di identità e convivenza, ricordandoci che rifiutare la complessità vuole sempre dire perdere occasioni di conoscenza.[7] E quindi giocarsi la possibilità di trovare punti di equilibrio tra i diversi modi di vedere e soprattutto di vivere. Invece, riuscire a convivere mantenendo le proprie identità «è non solo possibile, ma anche vantaggioso».

Note

Introduzione. Le parole per dirlo

1. I. Goss, *Gestazione per altri. Un tema controverso*, in «Il punto», 4, 2023.
2. Commissione per i problemi etici posti dalla scienza delle Chiese battiste, metodiste e valdesi, *La gestazione per altri. Una prospettiva etico-teologica*, agosto 2023: www.adista.it/articolo/70589.
3. A. Mariani, *Ucraina. Utero in affitto, con la guerra il business diventa «creativo»*, in «Avvenire», 22 luglio 2022.
4. L. Scaraffia, *Io dico «utero in affitto» perché trasforma il bambino in un prodotto che si fabbrica*, in «La Stampa», 6 maggio 2022.
5. www.trovanorme.salute.gov.it/norme/dettaglioAtto?id=54629&articolo=30.
6. Edizione italiana del Rapporto UNFPA 2022, *Vedere l'invisibile*, a cura di AIDOS: https://aidos.it/wp-content/uploads/2022/06/SOWP2022-ITALIANO-WEB.pdf.
7. J. Bazzi, *Maternità surrogata, il vero reato è continuare a legittimare solo la famiglia biologica*, in «Domani», 25 aprile 2022.
8. C. Saraceno, *Due nodi da sciogliere perché la gestazione per altri possa essere accettabile*, in «Il punto», 3 dicembre 2023: https://ilpunto.it/scienza-e-politica/due-nodi-da-sciogliere-perche-la-gestazione-per-altri-possa-essere-accettabile/.

1. *Gravidanza per altre persone*

1. https://data.oireachtas.ie/ie/oireachtas/bill/2022/29/eng/ver_b/b29b22d.pdf.

2. Health (Assisted Human Reproduction) Act 2024: https://www.oireachtas.ie/en/bills/bill/2022/29/.
3. *Final Report of the Joint Committee on International Surrogacy*, 2022: https://data.oireachtas.ie/ie/oireachtas/committee/dail/33/joint_committee_on_international_surrogacy/reports/2022/2022-07-06_final-report-of-the-joint-committee-on-international-surrogacy_en.pdf.
4. www.senato.it/leg/19/BGT/Schede/Ddliter/57364.htm.
5. E. Roccella, *L'utero in affitto è reato: una vittoria dei diritti*, in «Il Giornale», 4 luglio 2024.
6. *Rapporto Italia 2024*: https://eurispes.eu/ricerca-rapporto/rapporto-italia-2024/.
7. L'espressione «maternità surrogata» è quella prevalente in molte lingue, la usiamo qui in particolare per riferimento al momento storico di cui parliamo.
8. *I paesi in cui la gestazione per altri è legale e come funziona*, in «Internazionale», 3 marzo 2016: www.internazionale.it/notizie/2016/03/03/maternita-surrogata-dove-regole.
9. www.europarl.europa.eu/doceo/document/A-9-2023-0285-AM-002-002_IT.pdf.
10. *Tratta di esseri umani. La lotta dell'*UE *contro lo sfruttamento*: www.europarl.europa.eu/topics/it/article/20230921STO05705/tratta-di-esseri-umani-la-lotta-dell-ue-contro-lo-sfruttamento.
11. Global Market Insights, *Surrogacy Market Report 2022-2032*: www.gminsights.com/industry-analysis/surrogacy-market?gclid=CjwKCAjwxNW2BhAkEiwA24Cm9FGznu55LNV-lvxGY1Eof3aXEzilFowrQEgtyoGRF9houJkg4RfPJhoCoRYQAvD_BwE.
12. I dati sono resi disponibili dall'Associazione Luca Coscioni.
13. Cfr. nota 5.
14. Consulta di bioetica ONLUS, *Perché la gravidanza per altri esiste: è analoga al dono del sangue e va erogata dal* SSN, 27 agosto 2023: https://www.consultadibioetica.org/comunicato-stampa-comunicato-stampa-n-14-2023-perche-la-gravidanza-per-altri-esiste/.

2. *Si può fare*

1. www.epicentro.iss.it/pma/stato-di-attuazione-della-legge-40-dati-2021.

2. M. Mori, *Perché la gravidanza per altri è moralmente buona e va promossa?*, in «Il punto», 4, 2023.
3. Associazione Luca Coscioni, *Prima della legge 40, la normativa che si applicava in Italia*, 4 agosto 2005: www.associazionelucacoscioni.it/notizie/rassegna-stampa/prima-della-legge-40-la-normativa-che-si-applicava-italia.
4. E. Benelli, *Una legge da cambiare*, in «Ricerca&Pratica»: www.ricercaepratica.it/archivio/4277/articoli/42574/.
5. *Come è cambiata la legge 40 (2004-2024)*, BioDiritto, Facoltà di Giurisprudenza dell'Università degli Studi di Trento: www.biodiritto.org/Dossier/Come-e-cambiata-la-legge-40-2004-2024.
6. E. Benelli e M. Bonati, *La procreazione assistita è un diritto? Sì, no, forse*, in «Scienza in rete», 9 febbraio 2024: www.scienzainrete.it/articolo/procreazione-assistita-diritto-s%C3%AC-no-forse/eva-benelli-maurizio-bonati/2024-02-09.

3. *L'ananas sulla pizza*

1. Dicastero per la dottrina della fede, *Dichiarazione Dignitas infinita circa la dignità umana*: www.vatican.va/roman_curia/congregations/cfaith/documents/rc_ddf_doc_20240402_dignitas-infinita_it.html.
2. G. Pellegrino, *Quel che il Vaticano ignora. Non c'è dignità senza libertà*, in «Domani», 10 aprile 2024.
3. La registrazione dei lavori del convegno si può ascoltare qui: www.radioradicale.it/scheda/725171/famiglie-e-diritti-universali-liberta-e-autodeterminazione-nei-percorsi-di-gravidanza.
4. E. Benelli, *Gestazione per altri: dignità vo' cercando*, in «Scienza in rete», 10 aprile 2024: www.scienzainrete.it/articolo/gestazione-altri-dignit%C3%A0-vo-cercando%E2%80%A6/eva-benelli/2024-04-10.
5. Commissione per i problemi etici posti dalla Scienza delle Chiese battiste, metodiste e valdesi, *La gestazione per altri. Prospettiva etico-teologica*, 16 settembre 2023: www.adista.it/articolo/70589. Cfr. anche nota 2 dell'introduzione.
6. *Ibid.*
7. *Ibid.*
8. *Ibid.*

9. Comitato nazionale di bioetica, *Maternità surrogata a titolo oneroso*, 18 marzo 2016: https://bioetica.governo.it/media/4867/m17_2016_maternita-surrogata-a-titolo-oneroso.pdf.
10. Comitato etico Fondazione Veronesi, Parere Maternità Surrogata, *La maternità surrogata: profili etici*, 2015: www.fondazioneveronesi.it/magazine/tools-della-salute/download/comitato-etico-i-pareri/comitato-etico-fondazione-veronesi-2015-parere-maternita-surrogata.
11. Commento pubblicato da Jonathan Bazzi su Instagram il 2 agosto 2023: https://www.instagram.com/p/CvU_7goIkuo/.
12. J. R. Walter e E. S. Jungheim, *Uterus Transplant-The Frontier of Innovative Fertility Treatment*, in «JAMA», 15 agosto 2024.
13. M. Annoni, *«Gestazione per altri» e infertilità, parliamone seriamente*, in «Fondazione Veronesi Magazine», 21 marzo 2023: www.fondazioneveronesi.it/magazine/i-blog-della-fondazione/le-ragioni-delletica/gestazione-per-altri-e-infertilita-parliamone-seriamente.
14. M. Croce, *Parentele illecite*, in «Doppiozero», 12 luglio 2023: www.doppiozero.com/parentele-illecite?fbclid=IwAR08whV1bUV1V7006oAj09Ne3ki68dakBHJ7O_I51N1OWO9CYvo_uHFnpOo.
15. V. Matera, *L'antropologo. Perché la famiglia naturale non esiste*, in «Corriere della Sera», 26 gennaio 2016: https://27esimaora.corriere.it/articolo/lantropologoperche-la-famiglia-naturale-non-esiste/.
16. M. Beltran, *Famiglie e diritti universali. Libertà e autodeterminazione nei percorsi di gravidanza per altre e altri*, Radio Radicale, 5 aprile 2024: www.radioradicale.it/soggetti/275972/mariano-beltran.
17. S. Marchi, *Mio tuo suo loro. Donne che partoriscono per altri*, Fandango, Roma 2017.
18. R. Linder, *Married, Educated, Not in It for the Money. The New Profile of Israeli Surrogate Mothers*, in «Haaretz», 13 luglio 2024: www.haaretz.com/israel-news/2024-07-13/ty-article-magazine/.highlight/married-educated-not-in-it-for-the-money-the-new-profile-of-israeli-surrogate-mothers/00000190-a88c-d9bb-a3d5-e99e7fc80000?gift=4f61e06b849d4bae8b1d0e26a352bce7.
19. M. Murgia, *Dare la vita*, Rizzoli, Milano 2024.
20. C. Valsecchi, *Ribaltare il paradigma. Il lavoro di cura è un impegno che riguarda tutti*, 4e-Parent Project, 3 agosto 2024: https://

4e-parentproject.eu/ribaltare-il-paradigma-il-lavoro-di-cura-e-un-impegno-che-riguarda-a-tutti/.

21. World Health Organization, *Fatherhood and Health Outcomes* in Europe, 2007: https://iris.who.int/bitstream/handle/10665/108571/E91129.pdf.
22. A. Lubbock e B. Vatta, *Il mito dell'istinto materno. Madri (e padri) non si nasce, si diventa*, in «Medico e Bambino», 43, 3, 2024, pp. 171-75.
23. F. de Waal, *Diversi. Le questioni di genere viste con gli occhi di un primatologo*, trad. it. di A. Panini, Cortina, Milano 2022.

4. *Genitori, che fatica*

1. Cfr. nota 12, capitolo 3.
2. ISTAT, *Natalità e fecondità della popolazione residente*, 2022: www.istat.it/it/files//2023/10/Report-natalita-26-ottobre-2023.pdf.
3. E. Frattola, *Pensionamento dei genitori e scelte di fecondità nei diversi regimi di politiche familiari*, Banca d'Italia, luglio 2023: www.bancaditalia.it/pubblicazioni/temi-discussione/2023/2023-1417/index.html.
4. A. Rosina, *Fare figli non è un obbligo, ma servono condizioni per farli*, in «Adnkronos Demografica», 14 marzo 2024: https://demografica.adnkronos.com/famiglia/denatalita-rosina-fare-figli-non-e-un-obbligo-ma-servono-condizioni-per-farli/.
5. S. Sciandivasci, *I figli che non voglio*, Mondadori, Milano 2022.
6. Intervento di Giorgia Meloni, *Per un'Europa giovane. Transizione demografica, ambiente, futuro*, 12 aprile 2024: www.governo.it/it/articolo/un-europa-giovane-transizione-demografica-ambiente-futuro-intervento-del-presidente-meloni.
7. M.L. Tanturri *et al.*, *Carico domestico e intenzioni di fecondità delle donne italiane*, ISTAT, 6 Ottobre 2023: www.istat.it/it/files//2023/09/TANTURRI_MLetizia_SESSIONE-1_EV-6-OTT-23.pdf.
8. K. Kali Pal, K. Piaget e S. Zahidi, *Global Gender Gap Report 2024*, World Economic Forum, 11 giugno 2024: www.weforum.org/publications/global-gender-gap-report-2024/.
9. Save the Children, *Le equilibriste: la maternità in Italia nel 2024*, 8 maggio 2024: www.savethechildren.it/cosa-facciamo/pubblicazioni/le-equilibriste-la-maternita-italia-nel-2024.
10. M. Torre, *Fuori dal nido*, 4e-Parent Project, 5 maggio 2023: https://4e-parentproject.eu/fuori-dal-nido/.

5. *Ci penserò domani*

1. E. Benelli e M. Bonati, *La guerra fa male alla salute. Anche un anno dopo*, in «Scienza in rete», 6 marzo 2023: www.scienzainrete.it/articolo/guerra-fa-male-alla-salute/eva-benelli-maurizio-bonati/2022-03-28.
2. A. Marielli, *Mamma a 63 anni con la fecondazione assistita a Kiev. Ma che record è?*, in «Avvenire», 6 giugno 2024.
3. A. Meldolesi e C. Lalli, *È giusto diventare madri a 70 anni? E diventare padre?*, in «Corriere della Sera», 25 dicembre 2023.
4. EUROSTAT, *Struttura della popolazione e invecchiamento*, febbraio 2025: https://ec.europa.eu/eurostat/statistics-explained/index.php?title=Population_structure_and_ageing&action=statexp-seat&lang=it.
5. ISTAT, *Rapporto Bes 2023. Il benessere equo e sostenibile in Italia*: https://www.istat.it/wp-content/uploads/2024/04/Bes-2023-Ebook.pdf.
6. Componenti del Comitato etico della Fondazione Umberto Veronesi, *Madri domani*: www.fondazioneveronesi.it/magazine/tools-della-salute/download/i-quaderni-scienza-ed-etica/madri-domani.
7. Per un'esegesi della sentenza 161/2023: www.biodiritto.org/Biolaw-pedia/Giurisprudenza/Corte-costituzionale-sentenza-161-2023-PMA-non-e-illegittima-l-irrevocabilita-del-consenso-oltre-il-momento-della-fertilizzazione-dell-ovulo.
8. https://www.gazzettaufficiale.it/eli/id/2024/05/09/24A02320/sg.
9. Comitato etico della Fondazione Umberto Veronesi, *Madri domani* cit.
10. *Ibid.*
11. Direttiva 2004/23/CE del Parlamento Europeo e del Consiglio del 31 marzo 2004: https://eur-lex.europa.eu/legal-content/IT/TXT/PDF/?uri=CELEX:32004L0023.
12. Documento sulle problematiche relative alla fecondazione eterologa a seguito della sentenza della Corte costituzionale n. 162/2014: https://www.sierr.it/images/normativa_naz/Conf_Stato-Regioni_2014.pdf.
13. http://www.pma-italia.it/IT/index.xhtml. I. Sesana, PMA, *diritto per poche. L'accesso alle cure pubbliche è un lungo travaglio*, in «Altreconomia», 1 febbraio 2024: https://altreconomia.it/

pma-diritto-per-poche-laccesso-alle-cure-pubbliche-e-un-lungo-travaglio/.

14. A. Morresi, *Soldi a chi cede gameti, il corpo in vendita*, in «Avvenire», 8 novembre 2018.
15. https://eur-lex.europa.eu/legal-content/IT/TXT/PDF/?uri=CELEX:32004L0023.
16. E. Benelli e M. Bonati, *La procreazione assistita è un diritto? Sì, no, forse*, in «Scienza in rete», 9 febbraio 2024: www.scienzainrete.it/articolo/procreazione-assistita-diritto-s%C3%AC-no-forse/eva-benelli-maurizio-bonati/2024-02-09.

6. *Un paese contro i bambini?*

1. V. Jadva *et al.*, *«I Know It's Not Normal but It's Normal to Me, and That's All That Matters»: Experiences of Young Adults Conceived Through Egg Donation, Sperm Donation, and Surrogacy*, in «Human Reproduction», 38, 5, 2023, pp. 908-16.
2. Lo stesso gruppo ha pubblicato anche: S. Golombok *et al.*, *A Longitudinal Study of Families Formed Through Third-Party Assisted Reproduction. Mother-Child Relationships and Child Adjustment from Infancy to Adulthood*, in «Developmental Psychology», 59, 6, 2023, pp. 1059-73.
3. Surrogacy Arrangements Act 1985: www.legislation.gov.uk/ukpga/1985/49.
4. L. n. 219/2012.
5. www.cortecostituzionale.it/actionSchedaPronuncia.do?param_ecli=ECLI:IT:COST:2002:494.
6. C. Danisi, *Maternità surrogata come reato «universale»: considerazioni di diritto internazionale e dell'Unione europea*, in «GenIUS-Rivista di studi giuridici sull'orientamento sessuale e l'identità di genere», 20 febbraio 2024.
7. Cfr. capitolo 3.
8. https://eur-lex.europa.eu/legal-content/IT/TXT/HTML/?uri=CELEX:52022PC0695&from=EN.
9. A. Nocera, *Figlio di due padri concepito all'estero: sì all'adozione, no al riconoscimento della sentenza*, in «Altalex», 9 febbraio 2023: https://www.altalex.com/documents/2023/02/09/figlio-due-padri-concepito-estero-si-adozione-no-riconoscimento-sentenza.

10. D. Stasio, *Koen Lenaerts: «L'Unione europea tutela i diritti dei figli delle coppie gay, gli Stati membri si adeguino»*, in «La Stampa», 7 aprile 2023.
11. https://www.njus.it/news/2449/il-diritto-alla-identita-personale-dei-figli-voluti-da-due-donne-conviventi-che-hanno-fatto-ricorso-a-tecniche-di-procreazione-medicalmente-assistita-all-estero/.
12. S. Rodotà, *Diritto d'amore*, Laterza, Roma-Bari 2015.
13. *Come è cambiata la legge 40 (2004-2024)*: www.biodiritto.org/Dossier/Come-e-cambiata-la-legge-40-2004-2024.
14. D. Stasio, *La furia ideologica del ministro Nordio e la lettura politica delle sentenze*, in «La Stampa», 16 giugno 2024.
15. E. Benelli e M. Bonati, *Famiglie arcobaleno: il vuoto normativo genera mostri*, in «Scienza in rete», 21 luglio 2023: www.scienzainrete.it/articolo/famiglie-arcobaleno-vuoto-normativo-genera-mostri/eva-benelli-maurizio-bonati/2023-07-21.

7. *Un reato quasi universale*

1. *Punire la surrogazione di maternità commessa dal cittadino anche all'estero?*: www.altalex.com/documents/2023/08/01/punire-surrogazione-maternita-commessa-cittadino-estero.
2. Cfr. capitolo 5.
3. https://www.senato.it/leg/19/BGT/Schede/Ddliter/57364.htm. Cfr. capitolo 1.
4. E. Antonucci, *«Sulla maternità surrogata un uso simbolico del diritto». Parla la costituzionalista D'Amico*, in «Il Foglio», 14 aprile 2023: www.ilfoglio.it/giustizia/2023/04/14/news/-sulla-maternita-surrogata-un-uso-simbolico-del-diritto-parla-la-costituzionalista-d-amico-5168207/.
5. *Punire la surrogazione di maternità commessa dal cittadino anche all'estero?*: https://www.altalex.com/documents/2023/08/01/punire-surrogazione-maternita-commessa-cittadino-estero.
6. Si può consultare la mappatura realizzata dall'Associazione Luca Coscioni che prevede anche il rinvio al testo di legge per ogni paese: https://www.associazionelucacoscioni.it/notizie/comunicati/gravidanza-per-altri-in-65-paesi-al-mondo-e-consentita-per-legge-35-i-paesi-che-la-prevedono-in-forma-solidale.
7. Cfr. capitolo 3.
8. Cfr. capitolo 1
9. Cfr. nota 8, capitolo 6.
10. Special Rapporteur on Human Rights Defenders: www.ohchr.org/en/special-procedures/sr-human-rights-defenders.

11. «la maternità surrogata commerciale può non costituire vendita di bambini se è strettamente regolamentata in conformità con le norme e gli standard internazionali sui diritti umani».
12. M. Murgia, *Dare la vita*, Rizzoli, Milano 2024.
13. www.cortecostituzionale.it/actionSchedaPronuncia.do?param_ecli=ECLI:IT:COST:2021:33.
14. https://www.associazionelucacoscioni.it/wp-content/uploads/2023/05/29-MAGGIO-2023-Gravidanza-per-altri-solidale-Ass.-Luca-Coscioni-Altri.docx.pdf.
15. Comunicato Associazione Luca Coscioni, *Abbiamo depositato le prime 10mila firme di chi chiede la discussione di una legge sulla Gravidanza per Altri*: www.associazionelucacoscioni.it/notizie/comunicati/abbiamo-depositato-le-prime-10mila-firme-di-chi-chiede-la-discussione-di-una-legge-sulla-gravidanza-per-altri.
16. *La Costituzione raccontata dai giudici – La Corte e il fine vita. Intervento di Francesco Viganò*, 6 dicembre 2020, si può ascoltare qui: https://www.radioradicale.it/scheda/623148/la-costituzione-raccontata-dai-giudici-la-corte-e-il-fine-vita-intervento-di-francesco.

Conclusioni. Il futuro

1. G. Meduri, *Sanità, Bertolaso: in Lombardia 14 milioni di euro per favorire la natalità*, 16 ottobre 2023: www.lombardianotizie.online/natalita-lombardia/.
2. M. Mori, *Perché la gravidanza per altri è moralmente buona e va promossa?*, in «Il punto», 4, 2023.
3. Cfr. capitolo 4.
4. The European House – Ambrosetti (TEHA) è un gruppo professionale di circa 300 professionisti, di cui il 56% sono donne.
5. www.ambrosetti.eu/search/?search=Rinascita+Italia.
6. M.N. De Luca, *Bebé in provetta una battaglia lunga vent'anni. La travagliata vita della legge 40 che ha trasformato gli italiani in migranti della procreazione*, in «la Repubblica», 19 febbraio 2024: www.repubblica.it/cronaca/2024/02/19/news/bebe_in_provetta_una_battaglia_lunga_ventanni_la_travagliata_vita_della_legge_40_che_ha_trasformato_gli_italiani_in_migran-422158728/.
7. G. Segre, *La cultura della Convivenza. Di cosa parliamo quando parliamo di politica*, Bollati Boringhieri, Torino 2024.

Temi

Valentina Pazé

Libertà in vendita

Il corpo fra scelta e mercato

Che cosa hanno in comune la prostituzione, la maternità surrogata e l'uso del velo all'interno dell'islam? Il fatto di coinvolgere – spesso, anche se non sempre – il corpo delle donne. Ma anche la capacità di fare emergere la natura contraddittoria, ambivalente, disturbante della *libertà* nell'epoca del neoliberismo e delle democrazie di mercato. Da un lato, in effetti, la possibilità di offrire il proprio corpo a fronte di un compenso sembra ampliare la gamma delle scelte a disposizione in termini di uso del proprio corpo, del proprio tempo, della propria autonomia. Dall'altro, però, accedere a queste stesse possibilità richiede anzitutto di acconsentire a considerare l'intimità, sessuale e riproduttiva, come una merce tra le altre. Difficile non chiedersi, allora, se simili scelte possano ritenersi genuinamente volontarie. Da qui la domanda che percorre tutto il libro: siamo davvero liberi? E se sì, di quale libertà parliamo?
Per rispondere, Valentina Pazé impiega in modo chiaro, lucido, preciso, gli strumenti della filosofia: *in primis* di quella antica, che ha fornito le categorie per impostare il dibattito sulla libertà, e in secondo luogo del pensiero politico moderno e contemporaneo. Che si interfaccia inevitabilmente, su questi temi, con quello sociologico, giuridico ed economico.
In un mondo sempre più diseguale, dietro un incontro formalmente paritario tra soggetti liberi e consenzienti si nascondono spesso – pur mediati dalla forma giuridica del contratto – rapporti di subordinazione, se non di vero e proprio sfruttamento. È un'asimmetria sostanziale, insomma, a generare le forme contemporanee di uno strano tipo di schiavitù, che appare, a prima vista, volontaria e deliberata.
Proprio a partire da questa ambivalente «libertà» prende parola Valentina Pazé. Non per ridurne o squalificarne la portata, ma per restituirne la profondità storica, esistenziale e filosofica. Metterne in luce le contraddizioni, e nominarne gli effetti. Che, nelle odierne democrazie capitalistiche, possono essere al contempo di emancipazione e di assoggettamento. O, a ben vedere, possono essere *parallelamente* di emancipazione per alcuni, e di assoggettamento per altri: lungo una linea tracciata troppo spesso da reddito, genere, posizione sociale.

CELVM STELLATVM

Bollati Boringhieri